U0043106

專門替中國人寫的
英文練習本 中級本上

ME
B C
W
E A S Y
Q o
A S
Y

李家同／策劃審訂

博幼基金會／著

1片朗讀光碟
1片互動光碟

序言

專門替中國人寫的英文練習本

我們發現中國人寫英文句子時，常會犯獨特的錯誤，比方說兩個動詞連在一起用，將動詞用成名詞，時態更是困難，現在式、過去式、現在完成式，常把英文初學者搞糊塗了，畢竟我們沒有說英文的環境，而犯了天生講英文的人是不可能犯的這種錯誤。文老師寫的《專門替中國人寫的英文課本》簡單又容易讀，用中文來解釋英文文法規則，裡面有許多的練習，可以讓學生反覆練習直到熟悉為止，這些書很適合剛入門學習英文的人使用。

知道基本的文法觀念後，若沒有閱讀文章的習慣，學生一看就怕了。我所負責的博幼基金會發現這個問題的嚴重性，所以搭配《專門替中國人寫的英文課本》初級本編了一系列的短文，讓學生可依自己的英文程度，選擇適合自己閱讀的短文。每一篇短文句子不超過六行，每個句子也都很短，但是每篇短文都巧妙地加入一些新的生字。

《專門替中國人寫的英文練習本》的中級本，比起初級本，內容當然豐富多了，中級短文（Part A）可以使得我們了解人稱代名詞的受格、所有代名詞、和反身代名詞的不同之處，唸完這些短文以後，再進行後面的英翻中、句子填空、改錯、生字配對練習，學生能學會如何使用這些代名詞表達意思。如果想要知道英文詞類變化（名詞、動詞、形容詞、副詞），不妨閱讀 Part B 的短文。Part C 的短文包含初級學到的現在式、過去式時態、現在完成式的句子，這些短文可以讓學生清楚了解時態表達差異，再搭配短文後的練習題，學生當然知道如何運用正確的時態表達。

　　《專門替中國人寫的英文練習本》也有光碟搭配，你不但可以聽到文章朗讀，生字也都有發音。如果一次聽不懂，可以反覆點選聽不懂的句子或生字，多聽自然可以熟悉。這些短文不只增進學生的閱讀能力，聽力與口說也都能有所進步，有了練習本，我相信學生的英文能力會越來越好，以後看到文章就不會太怕了。

李家同

推薦序

今年年初我從北二高南下，在草屯轉國道 6 號公路，沿著層層峰巒，不出半小時已來到聞名已久的博幼基金會，在這裡我跟年輕的英文老師有約。這些充滿教學熱誠的老師，不但在教學研習會上分組討論學生遇到的困難及分享解決方法，還以短劇方式，呈現自己得意的一門課。在回家的路上，一幕幕與這些老師討論英語教學的畫面，不斷閃過腦海。埔里小朋友何其幸運，能在一間間整齊安靜的小教室裡由老師課後指導英文功課！

隔沒多久，我從聯經編輯手中收到博幼老師配合《專門替中國人寫的英文課本》編寫的《英文練習本》，翻閱這些老師親手編寫的小故事和短篇對話，我的驚訝更甚於從前。舉手邊現成的例子 18 頁Christmas Presents 這課來看，兩個叫 Sam 和 Mary 的小朋友暢談送媽媽的禮物：

Mary: What did you give her?

Sam: I bought her a video game. 買電玩給媽媽當生日禮物，可真另類！

Mary: Why a video game? She doesn't play video games. She hates it when you play games. 連他的好朋友 Mary 都丈二金剛摸不著頭腦，媽媽不是恨電玩嗎？幹嘛買電玩給她呢？此時身為讀者的我也興起同樣的疑惑。請接著看 Sam 巧妙的回覆：

Sam: I know. If she plays, she'll let me play more. It's a great present because we can play video games together. 原來 Sam 的妙計是：如果媽媽玩上癮了，她就不會阻止 Sam 玩，之後母子兩個可以高享玩電玩的樂趣了。

這樣不八股、不制式、非教條的對話俯拾即是，但並非所有的對話都是從小朋友的立場出發，有些原則性的問題，作者絕不和稀泥。例如

38 頁 Internet Friends 這課，小朋友 Lois 問爸爸可不可以跟網友出去玩。請看爸爸如何冷靜處理：

Lois：I met somebody on the Internet. Can I go out with him on Sunday? 這裡爸爸的回答沒有模稜兩可，他一面斬釘截鐵的否決女兒所請，一面又提出權宜之計——請網友到家裡來玩：

Dad: That's not a good idea. He could be dangerous. You could invite him to our house for dinner.

當小朋友追問不能見網友的原因時，爸爸的回答毫不含糊：

Dad: Some people on the Internet don't use their real names. There are many stories about bad people who use the Internet. They lie to young people and hurt them. 網路上用假身份行騙比比皆是。

從這兩段對話可以看出作者教小孩的方法是寬嚴並濟，也就是既不板起面孔說教；執意不讓小朋友玩電玩遊戲，也不會放任小朋友恣意在網路上亂交友或跟網友出遊。

除了生動的實景對話外，本書最引人注意的是排版清楚，明白易懂，習題份量恰到好處，讓學生不會心生畏懼。以學生的能力，讀完課文後，可輕而易舉把作業寫完。這是一本由老師累積《專門替中國人寫的英文課本》的教學經驗所編寫的課本，它讓《專門替中國人寫的英文課本》更為增色。兩本書合併使用，學生明瞭文法結構之後，可以進一步由《英文練習本》加強練習，久而久之，必能打下良好的英文基礎。

逢甲大學語言中心

文庭澍

目錄

序 ii

推薦序 iv

Part A （配合課本第一課～第四課）

Part A-1　Florida Kitchen 2

Part A-2　Tom's Brother 6

Part A-3　Sick Nick 10

Part A-4　A Broken Car 14

Part A-5　Christmas Presents 18

Part A-6　Seeing a Movie 22

Part A-7　Going to America by Ship 26

Part A-8　My Classmate 30

Part A-9　The Old Days 34

Part A-10　Internet Friends..38

Part **B** （配合課本第一課～第八課）

Part B-1   Uncle Jim's Paintings 44

Part B-2   Mike's Pen 48

Part B-3   John's Little Sister 52

Part B-4   Nick's Birthday 56

Part B-5   A Picnic 60

Part B-6   Isadora Duncan（伊莎朵拉‧鄧肯）..................................... 64

Part B-7   Our Playground 68

Part B-8   My Trip to Germany 72

Part B-9   A Phone Call 76

Part B-10   A Letter to John 80

目錄

Part C（配合課本第一課～第十二課）

Part C-1　My Birthday 86

Part C-2　A Letter to Cindy 90

Part C-3　Eating Dinner 94

Part C-4　Playing Computer Games......................................98

Part C-5　This Summer Vacation..102

Part C-6　Fran's Dream..106

Part C-7　Sunnyland..110

Part C-8　John Keats（約翰・濟慈）..................................114

Part C-9　Halloween Party..118

Part C-10　A Letter to Terry 122

解答

Part A 127

Part B 147

Part C 167

Part A

Florida Kitchen

A-01

Do your **children** like eating? Do they eat **fruits** and **vegetables**? Do they drink juice and milk? Or do they only eat **junk food** and drink **soda**? Is it **difficult** for you to find **food** that they like?

Eating **healthy food** is **important**, **especially** for **children**. Our **restaurant knows** this and **keeps** it **in mind** when we make **meals**. We make food that children like, so they will **grow** tall and **strong**. **Kids** like to eat **meals** at the Florida **Kitchen**.

A-01 Vocabulary

- **kitchen** 廚房
- **children** 小孩（複數）
- **fruit** 水果
- **vegetable** 蔬菜
- **junk food** 垃圾食物
- **soda** 汽水
- **difficult** 困難的
- **healthy** 健康的
- **important** 重要的
- **especially** 尤其；特別
- **restaurant** 餐廳
- **know**（knew）知道；了解
- **keep**（kept）**in mind** 記住
- **meal** 餐點
- **grow**（grew）成長
- **strong** 強壯的
- **kid** 小孩

1. Do your children like eating?

_____

2. Do they eat fruits and vegetables?

_____

3. Is it difficult for you to find food that they like?

_____

4. Eating healthy food is important, especially for children.

_____

5. Our restaurant knows this and keeps it in mind when we make meals.

_____

1. 你的小孩喜歡玩嗎？

_____ your children like _____?

2. 你喝果汁和牛奶嗎？

_____ you _____ juice and milk?

3. 她的女兒吃水果和蔬菜嗎？

   _____ _____ daughter _____ fruits and vegetables?

4. 或是她只吃垃圾食物和喝汽水？

   _____ does she _____ eat junk food and _____ soda?

5. 找到他們喜歡的食物對你來說困難嗎？

   _____ it difficult _____ you to find food that they like?

6. 吃健康的食物很重要，尤其對小孩子來說。

   _____ healthy food _____ important, especially _____ children.

7. 他了解這點當他製作餐點的時候。

   He _____ this _____ he makes meals.

8. 我的餐廳把這點謹記在心。

   _____ restaurant _____ this in mind.

9. 她做孩子們喜歡的食物，所以他們將會長得高又壯。

   She _____ food that children like, _____ they will _____ tall and strong.

10. 小孩們喜歡在佛羅里達餐廳用餐。

    _____ like to _____ at the Florida Kitchen.

改錯 ● ● ●

圈出文法錯誤，並寫出正確的答案

例 She (isn't) go to school every day.（doesn't）

1. Does her children like playing?（　　　　　）
2. Does it difficult for you to find food that children like?（　　　　　）
3. Eat healthy food is important.（　　　　　）
4. They keeps it in mind when they make meals.（　　　　　）
5. She makes food that kids like, so they will grows tall and strong.
　（　　　　　）

配合題 ● ●

1.	小孩（複數）	（　　）	**a.**	junk food
2.	水果	（　　）	**b.**	important
3.	蔬菜	（　　）	**c.**	difficult
4.	垃圾食物	（　　）	**d.**	keep（kept）in mind
5.	汽水	（　　）	**e.**	strong
6.	困難的	（　　）	**f.**	meal
7.	健康的	（　　）	**g.**	soda
8.	重要的	（　　）	**h.**	fruit
9.	尤其；特別	（　　）	**i.**	restaurant
10.	餐廳	（　　）	**j.**	know（knew）
11.	知道；了解	（　　）	**k.**	grow（grew）
12.	記住	（　　）	**l.**	especially
13.	餐點	（　　）	**m.**	children
14.	成長	（　　）	**n.**	vegetable
15.	強壯的	（　　）	**o.**	healthy

5

Tom's Brother

 A-02

Lisa: Wow! There are a lot of **pictures**. Are they yours?

Tom: No, they are my brother's. My uncle **took** him **to** Hawaii(夏威夷) last month.

Lisa: He **looks little**. Is he a **primary school** student?

Tom: Yes, he is in the **second grade**. It was his **first time going abroad**. He **had a good time**.

Lisa: Hawaii **looks fun**.

Tom: Yes. The **weather there** is **wonderful**. There are all **kinds of water activities**.

 A-02 Vocabulary

- **picture** 照片
- **take（took）... to** 帶……去
- **look** 看起來
- **little** 小的
- **primary school** 小學
- **second** 第二的
- **grade** 年級
- **first** 第一的
- **time** 次數
- **go abroad** 出國
- **have（had）a good time** 玩得很愉快
- **fun** 有趣的
- **weather** 天氣
- **there** 在那裡
- **wonderful** 美好的
- **kind** 種類
- **of** ……的
- **water activity** 水上活動

1. Are they yours?

_____

2. My uncle took him to Hawaii last month.

_____

3. Is he a primary school student?

_____

4. It was his first time going abroad.

_____

5. There are all kinds of water activities.

_____

1. 它們是她的嗎？

   Are they _____?

2. 它們是她弟弟的。

   They _____ her _____.

3. 她叔叔上個月帶她到夏威夷。

_____ _____ _____ _____ to Hawaii last month.

4. 他們看起來很小。

They _____ little.

5. 她是國小學生嗎？

_____ _____ a primary school student?

6. 我現在讀國小二年級。

I _____ _____ the second _____.

7. 這是我第一次出國。

This _____ _____ first time going abroad.

8. 我們玩得很愉快。（時態：過去式）

We _____ a good time.

9. 夏威夷看起來很有趣。

Hawaii _____ fun.

10. 有各種水上活動。

There are all _____ of water activities.

改
錯

圈出文法錯誤,並寫出正確的答案

例 She (isn't) go to school every day. (doesn't)

1. They are shes. (   )

2. Did he take she to Japan last week? (   )

3. Does Tom a primary school student? (   )

4. It look fun. (   )

5. He had a good times. (   )

配
合
題

1. 照片	( )		**a.**	little
2. 帶……到	( )		**b.**	fun
3. 小的	( )		**c.**	wonderful
4. 小學	( )		**d.**	water activity
5. 第二的	( )		**e.**	picture
6. ……的	( )		**f.**	second
7. 第一的	( )		**g.**	time
8. 次數	( )		**h.**	there
9. 有趣的	( )		**i.**	first
10. 天氣	( )		**j.**	primary school
11. 在那裡	( )		**k.**	of
12. 美好的	( )		**l.**	take(took)... to
13. 水上活動	( )		**m.**	weather

Sick Nick

 A-03

Nick likes to eat **pizza** and cake. Yesterday was his birthday. His grandmother made a big birthday cake for him. His parents **bought** two **large pizzas**. Nick was **so** happy **that** he ate **too much**. He didn't go to school today **because** he **got** a **stomachache**. He was **in bed all day**. Nick's teacher called him in the afternoon. She **was concerned about** him and **told** him to **rest**. Nick **felt** better that night. He will go to school tomorrow.

單字表  A-03 Vocabulary

- **sick** 病的
- **pizza** 披薩
- **buy**(**bought**) 買
- **large** 大的
- **so... that...** 如此……以至於……
- **too** 太
- **much** 許多
- **because** 因為

- **get**(**got**) 得到
- **stomachache** 胃痛
- **in bed** 臥床
- **all day** 整天
- **be concerned about** 關心
- **tell**(**told**) 告訴
- **rest**(**rested**) 休息
- **feel**(**felt**) 覺得

1. His grandmother made a big birthday cake for him.

_____

2. Nick was so happy that he ate too much.

_____

3. He didn't go to school today because he got a stomachache.

_____

4. He was in bed all day.

_____

5. She was concerned about him and told him to rest.

_____

造句

1. 我喜歡吃披薩和蛋糕。

   I _____ to _____ pizza and cake.

2. 昨天是我的生日。

   Yesterday _____ _____ birthday.

3. 你的祖母做了一個大生日蛋糕給我。

_____ grandmother _____ a big birthday cake for _____.

4. 她的爸媽買了兩個大披薩。

_____ parents _____ two large pizzas.

5. 我是如此地快樂以至於我吃了太多。

I _____ so happy that I _____ too much.

6. 我今天沒上學，因為我胃痛。

I _____ go to school today because I _____ a stomachache.

7. 我整天躺在床上。（時態：過去式）

I _____ _____ bed all _____.

8. 他們的老師下午打電話給他們。（時態：過去式）

_____ teacher _____ _____ _____ the afternoon.

9. 他們關心我，而且告訴我要休息。（時態：過去式）

They _____ _____ about me and _____ me to rest.

10. 我明天會去上學。

I _____ _____ to school _____.

改錯 ● ● ●

圈出文法錯誤，並寫出正確的答案

例 She (isn't) go to school every day. （doesn't）

1. She likes to eats pizza. （　　　　　）

2. He made a cake for I. （　　　　　）

3. Nick didn't went to school yesterday. （　　　　　）

4. Do you calling Nick's teacher now? （　　　　　）

5. He felts better yesterday. （　　　　　）

配合題 ● ●

1. 病的	（　　）	**a.**	buy（bought）	
2. 披薩	（　　）	**b.**	because	
3. 買	（　　）	**c.**	tell（told）	
4. 大的	（　　）	**d.**	in bed	
5. 太	（　　）	**e.**	get（got）	
6. 許多	（　　）	**f.**	feel（felt）	
7. 因為	（　　）	**g.**	sick	
8. 得到	（　　）	**h.**	pizza	
9. 胃痛	（　　）	**i.**	much	
10. 臥床	（　　）	**j.**	be concerned about	
11. 整天	（　　）	**k.**	all day	
12. 關心	（　　）	**l.**	rest（rested）	
13. 告訴	（　　）	**m.**	large	
14. 休息	（　　）	**n.**	stomachache	
15. 覺得	（　　）	**o.**	too	

A Broken Car

A-04

Sally : I can't **believe** you're so **late**. Now, it's **too late to** see the movie.

Bill : **I'm sorry**. My car **broke down** and I **forgot** to **bring** my cell phone. I walked for **a long time** to find a **public** phone, but I couldn't find one. I **had to** walk here.

Sally : Where's your car?

Bill : It's **next to** a **junior high school** on Main Street.

Sally : What can I do to **help**?

Bill : Can I use your phone? I **have to** call a **repairman**.

Sally: Sure. Here, take it.

 A-04 Vocabulary

- **believe**（**believed**）相信
- **late** 晚的；遲到的
- **too... to** 太……以至於
- **I'm sorry.** 很抱歉。
- **break**（**broke**）**down** 故障
- **forget**（**forgot**）忘記
- **bring**（**brought**）攜帶
- **a long time** 很長的一段時間
- **public** 公共的
- **have**（**had**）**to** 必須
- **next to** 在……旁邊
- **junior high school** 國中
- **help**（**helped**）幫忙
- **repairman** 維修員

1. It's too late to see the movie.

_____

2. My car broke down and I forgot to bring my cell phone.

_____

3. I walked for a long time to find a public phone, but I couldn't find one.

_____

4. It's next to a junior high school on Main Street.

_____

5. Can I use your phone? I have to call a repairman.

_____

造 句

1. 我不敢相信你遲到這麼久。

   I _____ believe you _____ so late.

2. 太晚了看不到電影了。

   It's _____ late _____ see the movie.

15

3. 我的車子故障而且我忘記攜帶我的手機。（時態：過去式）

My car _____ down and I _____ to bring my cell phone.

4. 為了找公共電話我走了好久，但是都找不到。（時態：過去式）

I _____ for a long time _____ find a public phone, but I couldn't find one.

5. 我必須走到這裡。（時態：過去式）

I _____ _____ walk here.

6. 你的腳踏車在哪裡？

_____ _____ your bicycle?

7. 它在大街上的公園旁邊。

It is _____ _____ a park on Main Street.

8. 我可以幫你什麼嗎？

_____ can I _____ to help?

9. 我可以使用你的手機嗎？

_____ I _____ your cell phone?

10. 我必須打電話給維修員。

I _____ to _____ a repairman.

改錯 • • •

圈出文法錯誤，並寫出正確的答案

例 She (isn't) go to school every day. （doesn't）

1. It are too late to see the movie. （　　　　　）

2. My car breaked down. （　　　　　）

3. I walking for a long time to find a public phone yesterday. （　　　　　）

4. What is your car? It is on Main Street. （　　　　　）

5. I have to calling a repairman. （　　　　　）

配合題 • •

1. 相信	（　　）	**a.**	too... to
2. 晚的；遲到的	（　　）	**b.**	public
3. 太……以至於	（　　）	**c.**	next to
4. 故障	（　　）	**d.**	repairman
5. 忘記	（　　）	**e.**	late
6. 攜帶	（　　）	**f.**	break（broke）down
7. 公共的	（　　）	**g.**	junior high school
8. 在……旁邊	（　　）	**h.**	believe（believed）
9. 國中	（　　）	**i.**	bring（brought）
10. 幫忙	（　　）	**j.**	help（helped）
11. 維修員	（　　）	**k.**	forget（forgot）

17

Christmas Presents

Sam : What did you give Mom for **Christmas**?

Mary : A computer.

Sam : What? She **already** has one.

Mary : Yes, but her old one is slow. What did you give her?

Sam : I **bought** her a **video game**.

Mary : **Why** a **video game**? She doesn't play **video games**. She **hates** it when you play games.

Sam : I know. **If** she plays, she'll **understand** why I like **video games** and she'll **let** me play **more**. It's a **great present because** we can play **video games** together.

 🎧 A-05 Vocabulary

- **Christmas** 聖誕節
- **already** 已經
- **buy**（**bought**）買
- **why** 為什麼
- **video game** 電視遊戲
- **hate**（**hated**）討厭
- **if** 如果
- **understand**（**understood**）知道
- **let**（**let**）讓
- **more** 更多
- **great** 很棒的
- **present** 禮物
- **because** 因為

1. What did you give Mom for Christmas?

_____

2. What did you give her?

_____

3. Why a video game?

_____

4. If she plays, she'll understand why I like video games and she'll let me play more.

_____

5. It's a great present because we can play video games together.

_____

1. 聖誕節你給爸爸什麼東西？(時態：過去式)

_____ _____ you _____ Dad for Christmas?

2. 他已經有一台了。

He already _____ _____.

3. 可是他的那台舊電腦很慢。

   But _____ old one _____ slow.

4. 你給他什麼？

   _____ _____ you give _____?

5. 我買給他一支手機。

   I _____ _____ a cell phone.

6. 為什麼是一支手機？

   _____ a cell phone?

7. 當你玩電視遊戲她覺得討厭。

   She _____ _____ _____ you play video games.

8. 如果她玩電視遊戲她會知道為什麼我喜歡電視遊戲。

   _____ she plays, she'll understand _____ I like video games.

9. 她會讓我玩更多。

   She'll _____ me play _____.

10. 這是個很棒的禮物，因為我們可以一起玩遊戲。

    It _____ a great present _____ we can play games together.

改錯

圈出文法錯誤，並寫出正確的答案

例 She (isn't) go to school every day.（doesn't）

1. Where did you give Mom for Christmas? I gave her a computer.
   （   ）

2. We already has one.（   ）

3. My old computer are slow.（   ）

4. What did you give he?（   ）

5. He hates it when you plays video games.（   ）

配合題

1. 聖誕節	（ ）		**a.** understand（understood）
2. 已經	（ ）		**b.** because
3. 買	（ ）		**c.** if
4. 為什麼	（ ）		**d.** why
5. 電視遊戲	（ ）		**e.** already
6. 討厭	（ ）		**f.** more
7. 如果	（ ）		**g.** present
8. 知道	（ ）		**h.** Christmas
9. 讓	（ ）		**i.** buy（bought）
10. 更多	（ ）		**j.** video game
11. 很棒的	（ ）		**k.** let
12. 禮物	（ ）		**l.** great
13. 因為	（ ）		**m.** hate（hated）

21

Seeing a Movie

 A-06

Tony: Hi, Lucy. My dad just **told** me he can't **drive** us into **town** on Saturday.

Lucy: That's O.K. We can **take** a bus. **Let** me **check** the bus **schedule**. There's a bus at 8:45 a.m. Is that too **early**?

Tony: Yes, the movie **starts** at 1:00. We'll have **nothing** to do for two or three hours.

Lucy: There's one at 11:00. **How about** that one?

Tony: That's better. We can have lunch at the **fast food restaurant next to** the **movie theater** and **wait** there **for** the movie.

Lucy: Good **idea**.

單字表  A-06 Vocabulary

- **tell**(**told**) 告訴
- **drive**(**drove**) 開車
- **town** 城鎮
- **take**(**took**) 搭(交通工具)
- **let**(**let**) 讓
- **check**(**checked**) 檢查;核對
- **schedule** 時間表
- **early** 早的
- **start**(**started**) 開始

- **nothing** 沒有事情
- **How about...?** ……如何?
- **fast food restaurant** 速食店
- **next to** 在……旁邊
- **movie theater** 電影院
- **wait**(**waited**) **for** 等待
- **idea** 主意

1. My dad just told me he can't drive us into town on Saturday.

   _____

2. Let me check the bus schedule.

   _____

3. There's a bus at 8:45 a.m.

   _____

4. We'll have nothing to do for two or three hours.

   _____

5. We can have lunch at the fast food restaurant next to the movie theater.

   _____

造句

1. 我爸爸剛告訴我星期三他沒辦法開車送我們到鎮上。

   My dad just told _____ he _____ drive us into town on

   _____.

2. 你們昨天如何上學？

   _____ _____ you go to school yesterday?

3. 我們昨天搭公車。

We _____ a bus yesterday.

4. 讓我確認一下公車時刻表。

_____ _____ check the bus schedule.

5. 八點四十五分有一班公車。

_____ _____ a bus _____ 8:45 a.m.

6. 會不會太早？

_____ that _____ early?

7. 我們會有兩小時無事可做。

We _____ have nothing _____ do for two hours.

8. 還有一班車在十一點半。那班如何呢？

_____ _____ one _____ 11:30. _____ _____
that one?

9. 速食店在公園旁邊。

The fast food restaurant _____ _____ _____ the park.

10. 我們可以在速食店裡吃午餐。

We can _____ lunch _____ the fast food restaurant.

改錯 • • •·

圈出文法錯誤，並寫出正確的答案

例 She (isn't) go to school every day. （doesn't）

1. He can't drove us into town on Sunday. （   ）
2. How did you go into town today? I taked a bus. （   ）
3. Let she check her schedule. （   ）
4. There are a bus at 8:45 a.m. （   ）
5. We will have nothing to doing for three hours. （   ）

配合題 • • •

1. 告訴	（ ）	**a.**	take（took）
2. 開車	（ ）	**b.**	wait（waited）for
3. 城鎮	（ ）	**c.**	schedule
4. 搭（交通工具）	（ ）	**d.**	drive（drove）
5. 主意	（ ）	**e.**	How about...?
6. 檢查；核對	（ ）	**f.**	movie theater
7. 時間表	（ ）	**g.**	fast food restaurant
8. 早的	（ ）	**h.**	early
9. 開始	（ ）	**i.**	nothing
10. 沒有事情	（ ）	**j.**	next to
11. ⋯⋯如何？	（ ）	**k.**	tell（told）
12. 速食店	（ ）	**l.**	check（checked）
13. 在⋯⋯旁邊	（ ）	**m.**	town
14. 電影院	（ ）	**n.**	start（started）
15. 等待	（ ）	**o.**	idea

Going to America by Ship

🎧 A-07

Jessie : Where will you **spend** your **summer vacation**?
Robert : In America.
Jessie : How will you go **there**, **by ship again**?
Robert : Of course **by ship**. I like the **sea** very much.
Jessie : I **remember** that you went to Japan by yourself **by ship** last year. Will you go to America by yourself **again**?
Robert : No, this **time** my **wife** will go to America, too.
Jessie : Does she like the **sea**?
Robert : Well (這個)... this will be her **first time taking a ship**. She is **afraid** that she will be **seasick**.

 🎧 A-07 Vocabulary

- **spend**(spent) 度過
- **summer vacation** 暑假
- **there** 那裡
- **by ship** 搭船
- **again** 再
- **sea** 海
- **remember**(remembered) 記得

- **time** 次
- **wife** 太太
- **first** 第一的
- **take**(took) 搭（交通公具）
- **ship** 船
- **afraid** 害怕的
- **seasick** 暈船的

1. Where will you spend your summer vacation?

_____

2. How will you go there, by ship again?

_____

3. You went to Japan by yourself by ship last year.

_____

4. This will be her first time taking a ship.

_____

5. She will be seasick.

_____

1. 他會在哪裡度過他的暑假？（時態：未來式）

   Where _____ he _____ _____ summer vacation?

2. 他會怎麼去那裡，再一次搭船嗎？（時態：未來式）

   _____ _____ he go there, _____ ship again?

3. 他非常喜歡海。

   He _____ the sea very much.

4. 你上次自己一個人去日本嗎？

   _____ you _____ to Japan by _____ last time?

5. 他去年自己搭船去日本。

   He _____ to Japan by _____ by ship last year.

6. 她會再一次獨自去美國嗎？（時態：未來式）

   _____ she go to America by _____ again?

7. 這次他太太也會去美國。

   This time _____ wife will _____ to America, too.

8. 你喜歡海嗎？

   _____ you _____ the sea?

9. 這是我第一次搭船。

   This is _____ first time _____ a ship.

10. 我將會暈船。

   I will _____ seasick.

圈出文法錯誤，並寫出正確的答案

例 She (isn't) go to school every day. （doesn't）

1. You like he very much. （　　　　　）

2. She went to America by sheself last month. （　　　　　）

3. This time his son will goes to Japan. （　　　　　）

4. Does Robert likes sea? （　　　　　）

5. He won't is seasick. （　　　　　）

配合題

1. 度過	（　　）	**a.** there	
2. 暑假	（　　）	**b.** wife	
3. 那裡	（　　）	**c.** afraid	
4. 搭船	（　　）	**d.** spend（spent）	
5. 海	（　　）	**e.** by ship	
6. 再	（　　）	**f.** time	
7. 記得	（　　）	**g.** again	
8. 次	（　　）	**h.** seasick	
9. 太太	（　　）	**i.** first	
10. 第一的	（　　）	**j.** ship	
11. 搭（交通工具）	（　　）	**k.** sea	
12. 船	（　　）	**l.** summer vacation	
13. 害怕的	（　　）	**m.** remember（remembered）	
14. 暈船的	（　　）	**n.** take（took）	

29

My Classmate

 A-08

James was my **classmate**. His **drawer** was **always dirty**. I **often told** him that he **should throw** out his **trash**, but he **could** not **understand**.

One day, our teacher Ms. Wu **showed** James how to throw his trash into the **trash can**. Ms. Wu took him to **throw** out the **trash** and told him that he **should keep** the classroom **clean**. She did that every day **for** one month. **Finally**, James **understood**.

 A-08 Vocabulary

- **classmate** 同學
- **drawer** 抽屜
- **always** 總是
- **dirty** 髒的
- **often** 經常
- **tell**（**told**）告訴
- **should** 應該
- **throw**（**threw**）丟掉
- **trash** 垃圾

- **can**（**could**）能
- **understand**（**understood**）理解
- **show**（**showed**）示範
- **trash can** 垃圾桶
- **keep**（**kept**）保持
- **clean** 乾淨的
- **for**（表時間）達
- **finally** 最後

1. His drawer was always dirty.

_____

2. He should throw out his trash, but he could not understand.

_____

3. One day, our teacher Ms. Chang showed James to throw out his trash into the trash can.

_____

4. He should keep the classroom clean.

_____

5. She did that every day for one month.

_____

造 句 ● ● ● ● ● ゜

1. 她是誰？（時態：過去式）

_____ _____ she?

2. 他是我的同學。（時態：過去式）

He _____ _____ classmate.

3. 他的手總是很髒。（時態：過去式）

   _____ hands _____ always dirty.

4. 你什麼時候告訴他們的？

   _____ _____ you tell _____?

5. 她應該丟垃圾，但是她無法理解。（時態：過去式）

   She _____ throw out the trash, but she _____ not

   _____.

6. 有一天，他的老師示範丟垃圾給我們看。

   One day, _____ teacher _____ us to _____ _____

   the trash.

7. 他在哪裡？（時態：過去式）

   _____ _____ he?

8. 我帶他去丟垃圾。

   I _____ _____ _____ throw out the trash.

9. 她應該保持教室乾淨。

   She should _____ the _____ clean.

10. 我們持續一個月每天做那件事。（時態：過去式）

   We _____ that every day _____ one month.

改錯

圈出文法錯誤，並寫出正確的答案

例 She (isn't) go to school every day. （doesn't）

1. Were Ted your friend? （　　　　）

2. She telled me last night. （　　　　）

3. Ms. Lin keeps the classroom cleans. （　　　　）

4. Are you understand? （　　　　）

5. When did she showed him the book? （　　　　）

配合題

1.	同學	（　　）	**a.**	always
2.	總是	（　　）	**b.**	tell（told）
3.	髒的	（　　）	**c.**	finally
4.	經常	（　　）	**d.**	understand（understood）
5.	告訴	（　　）	**e.**	throw（threw）
6.	應該	（　　）	**f.**	dirty
7.	丟掉	（　　）	**g.**	should
8.	能	（　　）	**h.**	keep（kept）
9.	理解	（　　）	**i.**	for
10.	抽屜	（　　）	**j.**	can（could）
11.	垃圾桶	（　　）	**k.**	classmate
12.	保持	（　　）	**l.**	drawer
13.	乾淨的	（　　）	**m.**	trash can
14.	（表示時間）達	（　　）	**n.**	clean
15.	最後	（　　）	**o.**	often

The Old Days

 A-09

When I was **little**, my **family lived** in the **country**. Our house was **next to** a **river**. We **swam** in the river's **cool**, **clean** water. There were many birds and small **animals** in the **country**. We liked to watch them. We liked **living** in the country. It was a good **life**.

Now, we live in the **city**, but we **visit** my grandmother. She **still lives** in the **country**. The **country** is **different**. The water is **dirty**, and the birds and **animals** are **gone**. It makes me sad.

 A-09 Vocabulary

- **little** 年紀小的
- **family** 家庭
- **live**（**lived**）居住
- **country** 鄉下
- **next to** 在……旁邊
- **river** 河
- **swim**（**swam**）游泳
- **cool** 涼快的
- **clean** 乾淨的
- **animal** 動物
- **life** 生活
- **city** 城市
- **visit**（**visited**）拜訪
- **still** 仍然
- **different** 不同的；不一樣的
- **dirty** 髒的
- **gone** 已不存在的

1. When I was little, my family lived in the country.

_____

2. We swam in the river's cool, clean water.

_____

3. There were many birds and small animals in the country.

_____

4. We liked living in the country. It was a good life.

_____

5. The water is dirty, and the birds and animals are gone.

_____

造句

1. 她年紀還小的時候，她的家人都住在鄉下。(時態：過去式)

When _____ was little, _____ family _____ in the country.

2. 他們的家就在河邊。(時態：過去式)

_____ house _____ _____ _____ a river.

3. 她在涼爽、乾淨的河水中游泳。（時態：過去式）

   She _____ in the river's cool, clean water.

4. 鄉下有很多鳥和小動物。（時態：過去式）

   _____ _____ many birds and small animals in the country.

5. 她喜歡觀賞牠們。

   She liked _____ _____ them.

6. 她很喜歡住在鄉下。

   She liked _____ in the country.

7. 她住在城裡，但她的祖母仍然住在那裡。（時態：現在式）

   She _____ in the city, but _____ grandmother still _____ there.

8. 鄉下不一樣了。（時態：現在式）

   The country _____ _____.

9. 河水很髒而且鳥和動物已經不在了。（時態：現在式）

   The water _____ dirty, and the birds and animals _____ _____.

10. 這讓他們感到難過。（時態：現在式）

    It _____ _____ _____.

改錯 ● ● ● ●

圈出文法錯誤,並寫出正確的答案

例 She (isn't) go to school every day. (doesn't)

1. Her house are next to the library (圖書館). (　　　　)
2. They swimed in the river yesterday. (　　　　)
3. There is many birds and small animals before. (　　　　)
4. The country are different. (　　　　)
5. It makes we sad. (　　　　)

配合題 ● ● ●

1. 家庭　　　　　　(　　) 　　　**a.** clean
2. 居住　　　　　　(　　) 　　　**b.** different
3. 鄉下　　　　　　(　　) 　　　**c.** family
4. 在……旁邊　　　(　　) 　　　**d.** next to
5. 河　　　　　　　(　　) 　　　**e.** swim (swam)
6. 游泳　　　　　　(　　) 　　　**f.** animal
7. 涼快的　　　　　(　　) 　　　**g.** city
8. 乾淨的　　　　　(　　) 　　　**h.** dirty
9. 動物　　　　　　(　　) 　　　**i.** country
10. 生活　　　　　　(　　) 　　　**j.** life
11. 城市　　　　　　(　　) 　　　**k.** visit (visited)
12. 仍然　　　　　　(　　) 　　　**l.** cool
13. 拜訪　　　　　　(　　) 　　　**m.** live (lived)
14. 不同的;不一樣的 (　　) 　　　**n.** still
15. 髒的　　　　　　(　　) 　　　**o.** river

Internet Friends

🎧 A-10

Lois: Dad, I met **somebody** on the **Internet**. Can I **go out** with him on Sunday?

Dad: That's not a good **idea**. He could be **dangerous**. You could **invite** him to our house for dinner.

Lois: **Why**?

Dad: Some **people** on the **Internet** don't **use** their **real** names. There are many **stories** about bad **people** who use the Internet. They **lie to** young people and **hurt** them. We don't **know** this **person**. I am worried that he **might hurt** you **if** you **go out** with him **alone**.

單字表 🎧 A-10 Vocabulary

- **somebody** 某個人
- **Internet** 網際網路
- **go**(went) **out** 出去;出門
- **idea** 主意
- **dangerous** 危險的
- **invite**(invited) 邀請
- **why** 為什麼
- **people** 人們
- **use**(used) 使用;利用

- **real** 真實的
- **story** 故事
- **lie**(lied) **to** 說謊
- **hurt**(hurt) 傷害
- **know**(knew) 知道
- **person** 人(單數)
- **might** 也許
- **if** 如果
- **alone** 單獨地

1. I met somebody on the Internet.

_____

2. Can I go out with him on Sunday?

_____

3. You could invite him to our house for dinner.

_____

4. Some people on the Internet don't use their real names.

_____

5. I am worried that he might hurt you if you go out with him alone.

_____

造 句

1. 她在網路上認識了一個人。

   She _____ somebody _____ the Internet.

2. 這星期六我可以跟他出去嗎？

   _____ I _____ _____ with him on _____?

3. 他可能是危險的。

   He _____ _____ dangerous.

4. 那不是一個好主意。

   That _____ _____ a good idea.

5. 我們可以邀請他到我們家吃晚餐。

   We could _____ _____ to _____ house _____ dinner.

6. 有些人在網路上不用他們真實的姓名。

   Some people _____ the Internet _____ _____ _____ real names.

7. 有很多故事是關於壞人利用網路的。

   _____ _____ many stories _____ bad people who _____ the Internet.

8. 他們騙年輕人而且傷害他們。

   They _____ _____ young people and _____ _____.

9. 她不認識這個人。

   She _____ _____ this person.

10. 她很擔心如果單獨跟他出去，他也許會傷害你。

    _____ _____ worried that he might hurt you _____ you _____ _____ with _____ alone.

改錯

圈出文法錯誤，並寫出正確的答案

例 She (isn't) go to school every day. （doesn't）

1. I meeted somebody on the Internet last week. （　　　　）
2. Can she goes out with him on Sunday? （　　　　）
3. He could is dangerous. （　　　　）
4. You could invite she to our house for dinner. （　　　　）
5. There is many stories about bad people who use the Internet.
   （　　　　）

配合題

1. 某個人	（　　）	**a.**	dangerous
2. 網際網路	（　　）	**b.**	use（used）
3. 出去；出門	（　　）	**c.**	know（knew）
4. 危險的	（　　）	**d.**	if
5. 邀請	（　　）	**e.**	invite（invited）
6. 為什麼	（　　）	**f.**	somebody
7. 人們	（　　）	**g.**	go（went）out
8. 使用	（　　）	**h.**	people
9. 真實的	（　　）	**i.**	lie（lied）to
10. 故事	（　　）	**j.**	alone
11. 說謊	（　　）	**k.**	hurt（hurt）
12. 傷害	（　　）	**l.**	Internet
13. 知道	（　　）	**m.**	story
14. 如果	（　　）	**n.**	why
15. 單獨地	（　　）	**o.**	real

Part B

Uncle Jim's Paintings

 B-01

My Uncle Jim does not talk much. He is **always painting**. It makes him happy.

There are **no people** in his **paintings**. There are **only trees** and **mountains**. They have **strange shapes** and colors. I do not **quite understand** Uncle Jim's **paintings**, but I **still** like them a lot.

 B-01 Vocabulary

- **always** 總是
- **paint**(**painted**) 畫畫
- **no** 沒有
- **people** 人(複數)
- **painting** 繪畫(名詞)
- **only** 只有
- **tree** 樹

- **mountain** 山
- **strange** 奇怪的
- **shape** 形狀
- **quite** 相當地
- **understand** 了解
- **still** 仍然

1. My Uncle Jim does not talk much.

_____

2. Painting makes him happy.

_____

3. There are no people in his paintings.

_____

4. They have strange shapes and colors.

_____

5. I do not quite understand Uncle Jim's paintings, but I still like them a lot.

_____

1. 我話不多。

I _____ _____ _____ _____.

2. 我總是在畫畫。

I _____ _____ painting.

45

3.　畫畫讓我快樂。

Painting _____ me _____.

4.　這些畫是我的。

These paintings _____ _____.

5.　它們讓我快樂。

They _____ _____ happy.

6.　在我的畫裡沒有人。

_____ _____ _____ people _____ _____ paintings.

7.　只有樹和山。

_____ _____ only trees _____ mountains.

8.　它有奇怪的形狀和顏色。

It _____ strange shapes _____ _____.

9.　她不太了解他的畫。

She _____ _____ quite understand _____ paintings.

10.　她還是非常喜歡它們。

She still _____ _____ a lot.

改錯

圈出文法錯誤，並寫出正確的答案

例 She isn't go to school every day. （doesn't）

1. Your son talk much. （　　　　）

2. She is paints now. （　　　　）

3. I make they happy. （　　　　）

4. There is five trees. （　　　　）

5. He painted by hisself. （　　　　）

配合題

1. 圖畫（名詞）　　　（　　）
2. 總是　　　　　　　（　　）
3. 繪畫（動詞）　　　（　　）
4. 相當地　　　　　　（　　）
5. 人們　　　　　　　（　　）
6. 只有　　　　　　　（　　）
7. 樹　　　　　　　　（　　）
8. 山　　　　　　　　（　　）
9. 奇怪的　　　　　　（　　）
10. 形狀　　　　　　　（　　）
11. 了解　　　　　　　（　　）
12. 仍然　　　　　　　（　　）

a. paint（painted）
b. people
c. understand
d. strange
e. tree
f. painting
g. quite
h. mountain
i. still
j. shape
k. only
l. always

47

Mike's Pen

🎧 B-02

Mike : I can't find my pen. Do you **see** it? It is black **with** green **stars**.

Nora : No, I don't **see** it.

Frank : I don't **see** it, **either**.

Mike : How many pens are there in your **pencil boxes**? **Maybe** it is in one of your **pencil boxes**.

Nora : **Let** me **see**. I have... three, four, five. I have five. I don't **see** the pen **with stars**.

Frank : There are seven pens in my **pencil box**, but I should **only** have six. Is this yours?

Mike : Yes, it is. It is mine.

 🎧 B-02 Vocabulary

- **see**(saw) 看
- **with** 有……的
- **star** 星星
- **either** 也

- **pencil box** 鉛筆盒
- **maybe** 或許
- **let**(let) 讓
- **only** 只有

1. It is black with green stars.

_____

2. I don't see it, either.

_____

3. How many pens are there in your pencil boxes?

_____

4. I should only have six.

_____

5. Is this yours?

_____

造 句

1. 他找不到他的筆。

He _____ _____ his pen.

2. 她有看到它嗎？

_____ she see _____?

3. 它們是黑色的，帶有綠色的星星。

   They _____ black _____ green stars.

4. 她沒有看到它們。（時態：現在式）

   She _____ see _____.

5. 他也沒有看到我們。（時態：現在式）

   He _____ see _____, _____.

6. 他的鉛筆盒裡有幾枝筆？

   How _____ pens _____ _____ in _____ pencil box?

7. 或許它們在我的鉛筆盒裡。

   Maybe they _____ _____ _____ pencil box.

8. 他沒有看到有星星的筆。（時態：現在式）

   He _____ _____ the pen _____ stars.

9. 他應該只有七枝。

   He _____ only _____ _____.

10. 這是她的嗎？

    Is this _____?

改錯

圈出文法錯誤，並寫出正確的答案

例 She (isn't) go to school every day. （doesn't）

1. Did he see they? （　　　　　　）

2. How many pencil do you have? （　　　　　　）

3. Is this pen yous? （　　　　　　）

4. There have six pencil boxes. （　　　　　　）

5. I don't have mine own box. （　　　　　　）

配合題

1. 看	（　　　）	**a.**	let（let）
2. 有……的	（　　　）	**b.**	either
3. 星星	（　　　）	**c.**	with
4. 也	（　　　）	**d.**	maybe
5. 鉛筆盒	（　　　）	**e.**	only
6. 或許	（　　　）	**f.**	see（saw）
7. 讓	（　　　）	**g.**	pencil box
8. 只有	（　　　）	**h.**	star

Part B-3

John's Little Sister

🎧 B-03

Mary : John, is this your **little** sister?

John : Yes, this is Helen. I am **taking care of** her.

Mary : How old is she?

John : She is eleven months old.

Mary : Can she walk?

John : No, but she can **crawl well**.

Mary : Great! Can she talk?

John : **Just a little. After all**, she is too **little**.

Mary : Oh（哦）, but I can **still** talk to her. **Watch**.
Peek-a-boo, I **see** you.

Helen: Ha ha（哈哈）...

Mary : **Look**! She is **laughing**. She likes me.

John : **Maybe** you can help me take care of her.

Mary : **My pleasure**.

🎧 B-03 Vocabulary

- **little** 小的
- **take（took）care of** 照顧
- **crawl（crawled）** 爬
- **well** 好地
- **just** 只
- **a little** 一點點
- **after all** 畢竟
- **still** 仍然
- **watch（watched）** 觀看
- **see（saw）** 看到
- **look（looked）** 看
- **laugh（laughed）** 笑
- **maybe** 或許
- **My pleasure.** 很樂意。

英翻中

1. Is this your little sister?

_____

2. I am taking care of her.

_____

3. After all, she is too little.

_____

4. I can still talk to her.

_____

5. Maybe you can help me take care of her.

_____

造句

1. 這是你弟弟嗎？

_____ this your little brother?

2. 她正在照顧他。

She _____ _____ care of _____.

3. 他們幾歲？

How old _____ they?

4. 他們10個月大。

They _____ _____ _____ old.

5. 她很會爬。

She can _____ _____.

6. 他們會走路嗎？

_____ they _____?

7. 他們正在笑。

They _____ _____.

8. 或許我能幫你照顧他。

Maybe I _____ help _____ take care of _____.

9. 很樂意。

_____ pleasure.

改錯 ● ● ● ●

圈出文法錯誤，並寫出正確的答案

例 She (isn't) go to school every day. （doesn't）

1. Does that Mary? （　　　　　　）

2. She is taking care of he. （　　　　　　）

3. He have a date tonight. （　　　　　　）

4. How old do they? （　　　　　　）

5. Can they stand by themself? （　　　　　　）

配合題 ● ● ● ●

1. 小的	（　　）	**a.** crawl（crawled）
2. 照顧	（　　）	**b.** still
3. 爬	（　　）	**c.** laugh（laughed）
4. 好地	（　　）	**d.** just
5. 只	（　　）	**e.** take（took）care of
6. 一點點	（　　）	**f.** after all
7. 畢竟	（　　）	**g.** maybe
8. 仍然	（　　）	**h.** a little
9. 觀看	（　　）	**i.** little
10. 笑	（　　）	**j.** well
11. 或許	（　　）	**k.** watch（watched）

Part B-4

Nick's Birthday

B-04

Ms. Lin : You look so happy!

Nick : Yesterday was my birthday. It was **also** my **cousin**'s birthday. We had a nice day.

Ms. Lin : How old are you and your cousin?

Nick : I am twelve years old. My cousin is two years older than I.

Ms. Lin : Who **gave** you **gifts** for your birthday?

Nick : My parents **gave** me three toy cars and a new **schoolbag**. My grandma made a **chocolate** cake for me. The **party made** me happy.

Ms. Lin : You should thank them for doing these for you.

Nick : Of course!

 B-04 Vocabulary

- **also** 也
- **cousin** 堂(表)兄弟姐妹
- **give**(**gave**) 給
- **gift** 禮物

- **schoolbag** 書包
- **chocolate** 巧克力
- **party** 派對
- **make**(**made**) 使

1. You look so happy!

_____

2. It was also my cousin's birthday.

_____

3. How old are you and your cousin?

_____

4. My cousin is two years older than I.

_____

5. Who gave you gifts for your birthday?

_____

造句

1. 她看起來是這麼的快樂！

   She _____ so happy!

2. 明天是她的生日。

   Tomorrow _____ her birthday.

3. 昨天也是他表弟的生日。

   Yesterday _____ also his _____ birthday.

4. 他有個美好的一天。（時態：過去式）

   He _____ a nice day.

5. 他幾歲？

   How old _____ he?

6. 他十九歲。

   He _____ _____ years old.

7. 他堂妹比他小七歲。

   His cousin _____ _____ years _____ than he.

8. 誰為了他們的生日給了他們禮物？

   _____ _____ them gifts _____ their birthday?

9. 他父母給了他三個玩具車。

   _____ parents _____ _____ three toy cars.

10. 他姐姐沒有給他禮物。

    His sister _____ _____ him gifts.

改錯

圈出文法錯誤，並寫出正確的答案

例 She (isn't) go to school every day. （doesn't）

1. He looks so angrily. （　　　　　）

2. How old do you? （　　　　　）

3. She is two year old. （　　　　　）

4. He is one year old than she. （　　　　　）

5. We should drank milk every day. （　　　　　）

配合題

1. 也	（　　）		**a.** chocolate
2. 堂（表）兄弟姐妹	（　　）		**b.** gift
3. 禮物	（　　）		**c.** also
4. 書包	（　　）		**d.** schoolbag
5. 巧克力	（　　）		**e.** party
6. 派對	（　　）		**f.** cousin
7. 給	（　　）		**g.** make（made）
8. 使	（　　）		**h.** give（gave）

A Picnic

 B-05

The **weather** was good yesterday. Paul and Helen had a **picnic** in the **park**. They **saw** a **monkey** in a **tree**. The **monkey** looked **thirsty** and **hungry**. Helen gave it some bananas and a bottle of water. Paul was **naughty**. He gave the **monkey** a piece of bread with **hot sauce**. The monkey ate the bread, but it was **hot**. The **monkey became** angry and **ran after** Paul.

 B-05 Vocabulary

- **weather** 天氣
- **picnic** 野餐
- **park** 公園
- **see**（saw）看到
- **monkey** 猴子
- **tree** 樹
- **thirsty** 口渴的

- **hungry** 飢餓的
- **naughty** 頑皮的
- **hot** 辣的
- **sauce** 醬
- **become**（became）變成
- **run**（ran）**after** 追趕

1. Paul and Helen had a picnic in the park.

_____

2. The monkey looked thirsty and hungry.

_____

3. He gave the monkey a piece of bread with hot sauce.

_____

4. The monkey ate the bread, but it was hot.

_____

5. The monkey became angry and ran after Paul.

_____

造句

1. 昨天天氣很好。

The weather _____ good _____.

2. 我們在公園裡野餐。（時態：過去式）

We _____ a picnic _____ the park.

3. 我們看到一隻猴子在樹上。（時態：過去式）

   We _____ a monkey _____ the tree.

4. 那隻猴子看起來既渴又餓。（時態：過去式）

   The monkey _____ thirsty and hungry.

5. 你給了牠什麼？

   _____ _____ you give it?

6. 我給了牠一些香蕉和一瓶水。

   I _____ it _____ bananas and a _____ of water.

7. 我給了那隻猴子一塊沾上辣醬的麵包。

   I _____ the monkey a _____ of bread _____ hot
   sauce.

8. 那隻猴子吃了麵包。（時態：過去式）

   The monkey _____ the bread.

9. 它是辣的。（時態：過去式）

   It _____ hot.

10. 我們很生氣，追著他跑。（時態：過去式）

    We _____ angry and _____ after _____.

改錯

圈出文法錯誤，並寫出正確的答案

例 She isn't go to school every day.（doesn't）

1. There has a park.（   ）

2. You look hungrily.（   ）

3. He drank some waters.（   ）

4. She gived him some bananas.（   ）

5. We eated lunch.（   ）

配合題

1. 天氣	（ ）	**a.**	see（saw）	
2. 野餐	（ ）	**b.**	hungry	
3. 公園	（ ）	**c.**	hot	
4. 看到	（ ）	**d.**	picnic	
5. 猴子	（ ）	**e.**	become（became）	
6. 樹	（ ）	**f.**	park	
7. 口渴的	（ ）	**g.**	thirsty	
8. 飢餓的	（ ）	**h.**	monkey	
9. 頑皮的	（ ）	**i.**	weather	
10. 變成	（ ）	**j.**	tree	
11. 辣的	（ ）	**k.**	run（ran）after	
12. 追趕	（ ）	**l.**	naughty	

Isadora Duncan（伊莎朵拉‧鄧肯）

 B-06

Isadora Duncan was born in **the United States** in 1877. She is a **legend of modern dance**. **When** she was only six, she **loved** to **dance** and to **teach other** children to dance. She **introduced** many **ideas** into the **art** and **believed** that **dance** comes from the **heart** and that it is **life** itself. **People** today **continue** to learn from this **great** teacher.

 B-06 Vocabulary

- **the United States** 美國
- **legend** 傳說
- **of** ……的
- **modern dance** 現代舞
- **when** 當……的時候
- **love**（**loved**）熱愛；喜愛
- **teach**（**taught**）教
- **dance**（**danced**）跳舞
- **other** 其他的
- **introduce**（**introduced**）將……放進

- **idea** 主意
- **art** 藝術
- **believe**（**believed**）相信
- **heart** 心
- **life** 生命
- **people** 人們
- **continue**（**continued**）繼續；持續
- **great** 偉大的

1. Isadora Duncan was born in the United States in 1877.

_____

2. She is a legend of modern dance.

_____

3. When she was only six, she loved to dance and to teach other children to dance.

_____

4. She introduced many ideas into the art.

_____

5. She believed that dance comes from the heart and that it is life itself.

_____

1. 伊莎朵拉（Isadora）出生在哪一年？

_____ _____ _____ Isadora born in?

2. 她 1877 年出生於美國。

She _____ born _____ the United States in 1877.

65

3. 你出生在哪一年？

   _____ _____ _____ you born in?

4. 我1995年出生於台灣。

   I _____ born in Taiwan _____ 1995.

5. 她是現代舞的傳奇。（時態：現在式）

   She _____ a legend _____ modern dance.

6. 她只有六歲的時候，她熱愛跳舞而且教其他小孩們跳舞。

   _____ she was only six, she _____ _____ dance and
   _____ teach other children to dance.

7. 我十歲的時候，我熱愛彈琴。

   _____ I was ten, I loved to _____ the piano.

8. 依莎朵拉相信舞蹈來自內心而且有其生命。

   Isadora believed that dance _____ _____ the heart and
   that it is life _____.

9. 他相信音樂來自內心。（時態：現在式）

   He _____ that music comes from the heart.

10. 現代人持續從這位大師身上學到東西。

    People today continue _____ _____ _____ this great
    teacher.

改錯 ● ● ● ●

圈出文法錯誤，並寫出正確的答案

例 She (isn't) go to school every day. （doesn't）

1. Which year is he born in?（　　　　　）

2. They do born in 1988.（　　　　　）

3. He were my teacher last year.（　　　　　）

4. Dance is life itsself.（　　　　　）

5. Does she from America?（　　　　　）

配合題 ● ● ● ●

1. 美國	（　　）	**a.** other
2. 傳說	（　　）	**b.** love（loved）
3. 現代舞	（　　）	**c.** life
4. 跳舞	（　　）	**d.** modern dance
5. 熱愛；喜愛	（　　）	**e.** legend
6. 教	（　　）	**f.** introduce（introduced）
7. 其他的	（　　）	**g.** idea
8. 將……放進	（　　）	**h.** believe（believed）
9. 主意	（　　）	**i.** great
10. 藝術	（　　）	**j.** the United States
11. 相信	（　　）	**k.** dance（danced）
12. 心	（　　）	**l.** teach（taught）
13. 生命	（　　）	**m.** continue（continued）
14. 繼續；持續	（　　）	**n.** art
15. 偉大的	（　　）	**o.** heart

Our Playground

 B-07

When I was young, my **family lived** in the **country**. We lived so **far from** my school. I walked one **hour** every morning to school. We had **just** eighteen students in our school. We liked to play in the **forest**. It was our **playground**. We **spent** a lot of time there **looking at different flowers** and birds. **Life** in the **country** was **wonderful**. I can **still remember** it.

 B-07 Vocabulary

- **when** 當……的時候
- **family** 家人
- **live**(**lived**) 住
- **country** 鄉下、鄉村
- **far from** 離……遠的
- **hour** 小時
- **just** 僅
- **forest** 森林
- **playground** 遊樂場
- **spend**(**spent**) 花(時間)
- **look**(**looked**) **at** 看著
- **different** 不同的
- **flower** 花
- **life** 生活
- **wonderful** 美好的
- **still** 還；仍然
- **remember**(**remembered**) 記得

1. When I was young, my family lived in the country.

   _____

2. We lived so far from my school.

   _____

3. I walked one hour every morning to school.

   _____

4. We spent a lot of time there looking at different flowers and birds.

   _____

5. Life in the country was wonderful.

   _____

造句

1. 他以前住在哪裡？

   _____ _____ he live before?

2. 當他小的時候，他的家人住在鄉下。

   _____ he _____ young, _____ family lived in the country.

3. 他住的離學校很遠。

   He _____ so _____ _____ his school.

4. 他每天早上走一個小時到達學校。（時態：過去式）

   He _____ one _____ every morning _____ school.

5. 他們的學校有幾個學生？（時態：過去式）

   _____ _____ students _____ there in _____ school?

6. 他們的學校僅有十八個學生。（時態：過去式）

   They _____ just _____ students in their school.

7. 他喜歡在森林裡玩。（時態：現在式）

   He _____ _____ _____ in the forest.

8. 森林是他的遊樂場。（時態：現在式）

   The forest _____ _____ playground.

9. 他每天花很多時間在那裡看不同的花。

   He _____ a lot of time there _____ _____ different
   flowers every day.

10. 鄉間生活很美好。（時態：現在式）

    _____ in the country _____ wonderful.

改錯

圈出文法錯誤，並寫出正確的答案

例 She isn't go to school every day. （doesn't）

1. Where are you live before? （　　　　　）
2. How much birds did you see last night? （　　　　　）
3. There have many flowers in my country. （　　　　　）
4. Does his sister likes to play in the forest? （　　　　　）
5. I spend two hours reading that book yesterday. （　　　　　）

配合題

1. 當……的時候	（　　）	**a.** flower
2. 家人	（　　）	**b.** hour
3. 住	（　　）	**c.** live（lived）
4. 鄉下、鄉村	（　　）	**d.** far from
5. 離……遠的	（　　）	**e.** wonderful
6. 小時	（　　）	**f.** remember（remembered）
7. 僅	（　　）	**g.** spend（spent）
8. 森林	（　　）	**h.** country
9. 遊樂場	（　　）	**i.** when
10. 花（時間）	（　　）	**j.** just
11. 不同的	（　　）	**k.** playground
12. 花	（　　）	**l.** different
13. 美好的	（　　）	**m.** still
14. 還；仍然	（　　）	**n.** family
15. 記得	（　　）	**o.** forest

My Trip to Germany

🎧 B-08

October 10

Dear Tom,

How are you? I **just arrived** in Taichung（台中）.

The **weather** in **Germany** is **different from** the **weather** in Taichung. It was **just October**, but it was **already** very **cold**.

I **still** liked my **trip**. **Before** I went **there**, I was **worried**. I can't speak **German**, but I found English is **useful there**! I **even made** some new **friends**.

I will go to America next year. Do you want to come with me?

Yours,

Sam

單字表 🎧 B-08 Vocabulary

- **October** 十月
- **dear** 親愛的
- **just** 剛好；才
- **arrive**(**arrived**) 到達
- **weather** 天氣
- **Germany** 德國
- **different from** 不同於
- **already** 已經
- **cold** 寒冷的

- **still** 還是
- **trip** 旅行
- **before** 在……之前
- **there** 那裡
- **worried** 擔心的
- **German** 德語
- **useful** 有用的
- **even** 甚至
- **make**(**made**) **friends** 交朋友

1. I just arrived in Taichung（台中）.

_____

2. The weather in Germany is different from the weather in Taiwan.

_____

3. It was just October, but it was already very cold.

_____

4. Before I went, I was worried.

_____

5. I can't speak German, but I found English is useful there!

_____

1. 你好嗎？

   How _____ you?

2. 他好嗎？

   How _____ he?

3. 我剛抵達台灣。

I _____ _____ in Taiwan.

4. 德國的天氣不同於台灣的天氣。（時態：過去式）

The weather in Germany _____ _____ _____ the weather in Taiwan.

5. 他的房間不同於我們的房間（請用所有代名詞替換）。（時態：現在式）

His room _____ _____ _____ _____.

6. 才剛十月，但是已經非常冷了。（時態：過去式）

It _____ just October, but it was already very _____.

7. 她覺得她的旅行如何？

_____ _____ she _____ her trip?

8. 我不會說德語。

I _____ _____ German.

9. 她發現英語在那裡很有用。（時態：過去式）

She _____ English is useful there.

10. 他甚至交了一些新朋友。（時態：過去式）

He _____ _____ some new friends.

改錯

圈出文法錯誤，並寫出正確的答案

例 She isn't go to school every day. （doesn't）

1. How does Bill? （　　　　　）

2. Does it cold in Europe now? （　　　　　）

3. That girl can speaks English. （　　　　　）

4. Does German useful in Taiwan? （　　　　　）

5. She even maked some new friends there. （　　　　　）

配合題

1. 親愛的	（　　）	**a.**	different from
2. 十月	（　　）	**b.**	worried
3. 抵達	（　　）	**c.**	even
4. 天氣	（　　）	**d.**	October
5. 德國	（　　）	**e.**	weather
6. 不同於	（　　）	**f.**	already
7. 已經	（　　）	**g.**	useful
8. 寒冷的	（　　）	**h.**	make（made）friends
9. 還是	（　　）	**i.**	still
10. 旅行	（　　）	**j.**	German
11. 擔心的	（　　）	**k.**	arrive（arrived）
12. 德語	（　　）	**l.**	dear
13. 有用的	（　　）	**m.**	Germany
14. 甚至	（　　）	**n.**	trip
15. 交朋友	（　　）	**o.**	cold

A Phone Call

B-09

Cherry : Good morning, the Dream **Company**.
Linda : Good morning, this is Linda. May I **speak** to Mr. Lin?
Cherry : I am **sorry**. He is not in the **office** now.
Linda : **How about** Ann?
Cherry : Sorry, she is not in the **office**, **either**. But she will **be back** in ten **minutes**.
Linda : That's good. May I **leave** a **message** for her? I am from the Brother **Company** and we are interested in your **products**.
Cherry : O.K. please **go ahead**.
Linda : My **phone number** is 0934-939-393. My name is Linda Chen. Can you **ask** her to give me a call **around** eleven o'clock?
Cherry : O.K. I will **place** this **message** on her desk.
Linda : Thank you for your help.

單字表  B-09 Vocabulary

- **company** 公司
- **speak**（**spoke**）說
- **sorry** 感到抱歉的
- **office** 辦公室
- **How about...?** ……如何？
- **either** 也（否定）
- **be back** 回來
- **minute** 分鐘

- **leave**（**left**）留給
- **message** 訊息
- **product** 商品
- **go**（**went**）**ahead** 請便
- **phone number** 電話號碼
- **ask**（**asked**）要求
- **around** 大約
- **place**（**placed**）放置

1. May I speak to Mr. Lin?

_____

2. He is not in the office now.

_____

3. She will be back in ten minutes.

_____

4. May I leave a message for her?

_____

5. I am from the Brother Company and I am interested in your products.

_____

造句

1. 我可以跟林先生說話嗎？

   _____ I _____ to Mr. Lin?

2. 他們現在不在辦公室裡。

   They _____ not _____ the office now.

3. 他們現在在哪裡？

_____ _____ they now?

4. 她也不在辦公室裡。

She _____ _____ in the office, _____.

5. 你什麼時候會回來？

_____ _____ you be back?

6. 我在十分鐘後會回來。

I _____ be back in ten minutes.

7. 我可以留言給他嗎？

_____ I _____ a message for _____?

8. 他想要什麼？

_____ does he want?

9. 他對你們的商品有興趣。

He is _____ _____ your products.

10. 你可以請她大約在十一點的時候給我一通電話嗎？

_____ you _____ _____ to give _____ a call around eleven o'clock?

改錯

圈出文法錯誤，並寫出正確的答案

例 She (isn't) go to school every day. （doesn't）

1. Will he be backs tomorrow? （　　　　　）

2. May I call they at ten o'clock? （　　　　　）

3. Where does she from? （　　　　　）

4. Does his phone number 0934-939-393? （　　　　　）

5. Can he give she a phone call? （　　　　　）

配合題

1. 公司　　　　　　（　　　）
2. 說話　　　　　　（　　　）
3. 感到抱歉的　　　（　　　）
4. 辦公室　　　　　（　　　）
5. ……如何？　　　（　　　）
6. 也(否定)　　　　（　　　）
7. 回來　　　　　　（　　　）
8. 分鐘　　　　　　（　　　）
9. 留給　　　　　　（　　　）
10. 訊息　　　　　　（　　　）
11. 商品　　　　　　（　　　）
12. 電話號碼　　　　（　　　）
13. 問　　　　　　　（　　　）
14. 大約　　　　　　（　　　）
15. 放置　　　　　　（　　　）

a. How about...?
b. message
c. ask（asked）
d. place（placed）
e. speak（spoke）
f. either
g. product
h. company
i. be back
j. office
k. leave（left）
l. around
m. sorry
n. minute
o. phone number

A Letter to John

 B-10

Dear John,

How are you? This is my **first time** writing to a **pen pal** in **another country**. **Perhaps**, we can **become** good friends.

I **live** in Japan. I am 15 years old. My friends **all love** sports. Baseball is very **popular** in Japan. I like it a lot, too.

I'm **sending** a DVD with this **letter**. I **hope** that you like this singer's **voice**. He is my **favorite Japanese** singer.

Your friend,

Miku

 B-10 Vocabulary

- **dear** 親愛的
- **first time** 第一次
- **pen pal** 筆友
- **another** 另一個的
- **country** 國家
- **perhaps** 也許、或許
- **become**（became） 成為
- **live**（lived） 住
- **all** 所有、全部

- **love**（loved） 喜愛
- **popular** 受歡迎的
- **send**（sent） 寄送
- **letter** 信
- **hope**（hoped） 希望
- **voice** 嗓音
- **favorite** 最喜愛的
- **Japanese** 日本的

80

1. This is my first time writing to a pen pal in another country.

   _____

2. Perhaps, we can become good friends.

   _____

3. My friends all love sports.

   _____

4. Baseball is very popular in Japan.

   _____

5. I hope that you like the singer's voice. He is my favorite Japanese singer.

   _____

造句

1. 他們好嗎？

   _____ _____ they?

2. Tom 住在哪裡？

   _____ _____ Tom live?

3. 他住在台灣。

   He _____ _____ Taiwan.

4. 這是他第一次寫信給一位外國筆友。

   This is _____ first time writing _____ a pen pal in another country.

5. 也許，我們可以成為好朋友。

   Perhaps, we _____ _____ good friends.

6. 我所有的朋友都喜歡音樂。

   My friends _____ love _____.

7. 棒球在日本非常受歡迎。

   Baseball _____ very _____ in Japan.

8. 隨信我寄出一張照片。

   I _____ _____ a picture _____ this letter.

9. 我希望你會喜歡這位歌手的嗓音。

   I _____ that you _____ the _____ voice.

10. 他是我最喜歡的日本歌手。

    He _____ my _____ Japanese singer.

改 錯

圈出文法錯誤，並寫出正確的答案

例 She (isn't) go to school every day. (doesn't)

1. How does your father? （　　　　　　）

2. Are they friend? （　　　　　　　）

3. His brother is one years old. （　　　　　　）

4. Where is she live? （　　　　　　）

5. Do you like he? Of course. He is my favorite singer. （　　　　　　）

配 合 題

1.　第一次　　　　　（　　　）
2.　筆友　　　　　　（　　　）
3.　另一個的　　　　（　　　）
4.　國家　　　　　　（　　　）
5.　也許、或許　　　（　　　）
6.　成為　　　　　　（　　　）
7.　住　　　　　　　（　　　）
8.　所有、全部　　　（　　　）
9.　受歡迎的　　　　（　　　）
10.　寄送　　　　　　（　　　）
11.　信　　　　　　　（　　　）
12.　希望　　　　　　（　　　）
13.　嗓音　　　　　　（　　　）
14.　最喜愛的　　　　（　　　）
15.　日本的　　　　　（　　　）

a. letter
b. favorite
c. pen pal
d. perhaps
e. become (became)
f. all
g. popular
h. Japanese
i. first time
j. country
k. hope (hoped)
l. another
m. send (sent)
n. voice
o. live (lived)

Part C

My Birthday

 C-01

My **birthday** was yesterday. I **celebrated** it with my **family**. Mother **bought** me a cake. My sister, Jane, gave me a **poster** of A-mei. She is my **favorite** singer. My brother, Ricky, gave me a nice **picture**. He is only five-years old, but he **drew** it himself. Father gave me a bicycle. He **already** has one. He loves to **ride** his bicycle. He **said** that we can **ride around** Taiwan this summer. We will **see** many **things** and many people. I will learn much **about** Taiwan.

This birthday is **special** for me. Father wants me to learn how to ride a bicycle, so that we can **spend** more time together. I am very happy.

  C-01 Vocabulary

- **birthday** 生日
- **celebrate**（**celebrated**）慶祝
- **family** 家人
- **buy**（**bought**）買
- **poster** 海報
- **favorite** 最喜愛的
- **picture** 圖畫
- **draw**（**drew**）畫
- **already** 已經
- **ride**（**rode**）騎
- **say**（**said**）說
- **around** 環繞
- **see**（**saw**）看
- **thing** 事物
- **about** 關於
- **special** 特別的
- **spend**（**spent**）花（時間）

1. My birthday was yesterday. I celebrated it with my family.

_____

2. My sister, Jane, gave me a poster of A-mei. She is my favorite singer.

_____

3. My brother, Ricky, gave me a nice picture. He is only five-years old, but he drew it himself.

_____

4. Father said that we can ride around Taiwan this summer.

_____

5. He wants me to learn how to ride a bicycle, so that we can spend more time together.

_____

造句

1. 今天是他的生日。

   Today _____ his birthday.

2. 昨天我與家人慶祝我的生日。

   I _____ my birthday _____ my family yesterday.

3. 媽媽買了一個蛋糕給我。

   Mother _____ _____ a cake.

4. 她給他一張阿妹的海報。

   She _____ _____ a poster of A-mei.

5. 他只有五歲，但是他自己畫了圖。

   He _____ only five-years old, _____ he drew it _____.

6. 我給了她一台腳踏車。我已經有一台了。

   I _____ _____ a bicycle. I already _____ one.

7. 他說今年夏天我們可以騎腳踏車環遊台灣。

   He _____ that we can _____ _____ Taiwan this summer.

8. 爸爸要我學會如何騎腳踏車。

   Father _____me to learn _____ _____ ride a bicycle.

9. 陳老師(Ms. Chen)要我們學會如何使用電腦。

   Ms. Chen wants _____ to learn _____ _____ _____ computers.

10. 今年的生日對他們來說很特別。

    This birthday is special _____ _____.

改錯 ● ● ● ●

圈出文法錯誤，並寫出正確的答案

例 She (isn't) go to school every day.（doesn't）

1. He bought I a piano.（　　　　）

2. Her brother drawed a picture yesterday.（　　　　）

3. My father has works for eleven hours.（　　　　）

4. Did yesterday her birthday?（　　　　）

5. She wants me to learning how to ride a bike.（　　　　）

配合題 ● ● ●

1. 生日	（　　）	**a.**	family
2. 慶祝	（　　）	**b.**	about
3. 家人	（　　）	**c.**	favorite
4. 買	（　　）	**d.**	birthday
5. 海報	（　　）	**e.**	buy（bought）
6. 最喜愛的	（　　）	**f.**	say（said）
7. 圖畫	（　　）	**g.**	see（saw）
8. 畫	（　　）	**h.**	draw（drew）
9. 已經	（　　）	**i.**	spend（spent）
10. 騎	（　　）	**j.**	already
11. 說	（　　）	**k.**	celebrate（celebrated）
12. 看	（　　）	**l.**	poster
13. 關於	（　　）	**m.**	picture
14. 特別的	（　　）	**n.**	special
15. 花（時間）	（　　）	**o.**	ride（rode）

89

A Letter to Cindy

C-02

Hello Cindy,

How are you? I am now in Vietnam（越南）with my parents. We are **on vacation**. We **arrived** here on Monday. Tuesday afternoon, we **tried** Vietnamese pho（越南河粉）at a **restaurant**. It was **so delicious that** we ate **more** pho for dinner.

Today, we **visited** my mother's **classmate** at the **university**. She **got married about** 15 years ago and came to Vietnam.

Tomorrow, we will go to a big **city**. I'll **write** you **more** later.

All the best,

Shelly

  C-02 Vocabulary

- **on vacation** 度假中
- **arrive（arrived）** 抵達
- **try（tried）** 嘗試
- **restaurant** 餐館
- **so... that** 如此……以至於
- **delicious** 美味的
- **more** 更多的
- **visit（visited）** 拜訪

- **classmate** 同學
- **university** 大學
- **get（got）married** 結婚
- **about** 大約
- **city** 城市
- **write（wrote）** 寫
- **all the best** 祝一切安好

90

1. How are you? I am now in Vietnam（越南）with my parents.

_____

2. We are on vacation. We arrived here on Monday.

_____

3. Tuesday afternoon, we tried Vietnamese pho（越南河粉）at a restaurant.

_____

4. It was so delicious that we ate more pho for dinner.

_____

5. She got married about 15 years ago and came to Vietnam.

_____

1. 他們好嗎？

_____ _____ they?

2. 他們在哪裡？

_____ are they?

3. 他們正在日本度假。

They _____ _____ _____ in Japan now.

4. 他們何時抵達這裡？

_____ _____ they arrive here?

5. 我們星期一抵達這裡。(時態：過去式)

We _____ here on _____.

6. 星期二下午，我們在餐廳試了拉麵。(時態：過去式)

Tuesday afternoon, we _____ la mian _____ a restaurant.

7. 它是如此地美味所以我們晚餐吃了更多的拉麵。(時態：過去式)

It _____ _____ delicious _____ we _____ more la mian for dinner.

8. 今天，我們拜訪了我爸爸的國中同學。(時態：過去式)

Today, we _____ my father's classmate in the junior high school.

9. 他十三年前結婚而且來到日本。

He _____ _____ about 13 years _____ and _____ to Japan.

10. 下星期，我們會去大城市。

_____ _____, we _____ go to a big city.

改錯 • • ．•

圈出文法錯誤，並寫出正確的答案

例 She (isn't) go to school every day. （doesn't）

1. How do your parents? （　　　　　）

2. We try some pho yesterday. （　　　　　）

3. I are on vacation in Vietnam. （　　　　　）

4. What did they arrive here? They arrived at 7:00 A.M. （　　　　　）

5. They getted married about 15 years ago. （　　　　　）

配合題 • •．

1.	度假中	（　　）	**a.**	about
2.	抵達	（　　）	**b.**	more
3.	嘗試	（　　）	**c.**	university
4.	餐館	（　　）	**d.**	all the best
5.	美味的	（　　）	**e.**	restaurant
6.	更多的	（　　）	**f.**	visit（visited）
7.	拜訪	（　　）	**g.**	arrive（arrived）
8.	同學	（　　）	**h.**	delicious
9.	大學	（　　）	**i.**	on vacation
10.	結婚	（　　）	**j.**	try（tried）
11.	大約	（　　）	**k.**	get（got） married
12.	城市	（　　）	**l.**	more
13.	寫	（　　）	**m.**	classmate
14.	更多的	（　　）	**n.**	write（wrote）
15.	祝一切安好	（　　）	**o.**	city

Eating Dinner

 C-03

Tom often **cooks Chinese food** himself for dinner, but he went to Joan's to eat **American food** last night. He has been **on a diet for a while, so** he did not want to eat **too much. At first**; he **only ordered spaghetti** and **vegetable soup, however**, they were **so delicious that** Tom ordered more. He **also** had a piece of cake and a scoop of ice cream for **dessert**. Tom **thinks** that he ate too much and should **exercise more**.

 C-03 Vocabulary

- **cook**(**cooked**) 煮
- **Chinese food** 中國菜
- **American food** 美國食物
- **on a diet** 節食
- **for a while** 長達一段時間
- **so** 所以
- **too much** 太多
- **at first** 起先
- **only** 只有
- **order**(**ordered**) 點(菜或飲料)
- **spaghetti** 義大利麵
- **vegetable soup** 蔬菜湯
- **however** 然而
- **so... that...** 如此……以至於……
- **delicious** 美味的
- **also** 也
- **dessert** 甜點
- **think**(**thought**) 認為
- **exercise**(**exercised**) 運動
- **more** 更多

1. Tom often cooks Chinese food himself for dinner, but he went to Joan's to eat American food last night.

_____

2. He has been on a diet for a while, so he did not want to eat too much.

_____

3. At first, he only ordered spaghetti and vegetable soup.

_____

4. They were so delicious that Tom ordered more.

_____

5. Tom thinks that he ate too much and that he should exercise more.

_____

造句

1. 我經常親自煮中國菜。

I _____ _____ Chinese food _____.

2. 我昨晚去 Joan's 吃美國菜。

I _____ to Joan's _____ _____ American food last night.

95

3. 我已經節食一段時間了。

   I _____ been on a diet _____ a while.

4. 我還沒有節食過。

   I _____ _____ been on a diet _____.

5. 我昨天不想吃太多。

   I _____ not _____ to eat too much yesterday.

6. 我只點了義大利麵和蔬菜湯。

   I only _____ spaghetti and vegetable soup.

7. 它們是如此地美味，以至於我又點了一些東西。

   They _____ so delicious that I _____ _____.

8. 我也吃了一塊蛋糕和一球冰淇淋當甜點。

   I also _____ a _____ of cake and a _____ of ice
   cream _____ dessert.

9. 我覺得我吃太多了。

   I _____ that I _____ too much.

10. 我應該要多運動。

   I _____ exercise more.

改錯

圈出文法錯誤，並寫出正確的答案

例 She (isn't) go to school every day. （doesn't）

1. She sometimes make Taiwanese food. （　　　　）

2. I seldom eat by mineself. （　　　　）

3. They want to drinking milk. （　　　　）

4. He has been cook for two hours. （　　　　）

5. There is only five cups of coffee on the table. （　　　　）

配合題

1. 煮	（　）		**a.** also	
2. 美國菜	（　）		**b.** so	
3. 所以	（　）		**c.** vegetable soup	
4. 起先	（　）		**d.** exercise（exercised）	
5. 只有	（　）		**e.** only	
6. 點（菜或飲料）	（　）		**f.** cook（cooked）	
7. 蔬菜湯	（　）		**g.** at first	
8. 然而	（　）		**h.** think（thought）	
9. 美味的	（　）		**i.** however	
10. 也	（　）		**j.** dessert	
11. 甜點	（　）		**k.** more	
12. 認為	（　）		**l.** American food	
13. 運動	（　）		**m.** order（ordered）	
14. 更多	（　）		**n.** delicious	

Playing Computer Games

C-04

Mike: **How long** have you been playing this **computer game**?

Nick: I have been playing for an hour. I enjoy playing them. I even want to buy **other** games.

Mike: Do you play them every day?

Nick: Yes, I usually play them at night. How about you?

Mike: My mom hates me playing computer games and wants me to read **more** books, **so** I **hardly ever** play computer games.

Nick: That's a **pity**. Computer games are **fun**.

單字表  C-04 Vocabulary

- **how long** 多長的時間
- **computer game** 電腦遊戲
- **other** 其他的
- **more** 更多的
- **so** 因此
- **hardly ever** 很少
- **pity** 可惜的事
- **fun** 有趣的

1. How long have you been playing this computer game?

   _____

2. I have been playing this computer game for an hour.

   _____

3. I enjoy playing them.

   _____

4. I even want to buy other games.

   _____

5. My mom hates me playing computer games and wants me to read more books.

   _____

1. 他玩這款電腦遊戲玩多久了？

   _____ _____ _____ he _____ playing this

   computer game?

2. 他玩這款電腦遊戲玩了兩個小時了。

   He _____ _____ playing this computer game _____

   two _____.

99

3. 他享受玩它。

   He _____ _____ _____.

4. 他甚至想買其他遊戲。

   He even _____ _____ _____ other games.

5. 她每天玩它們嗎？

   _____ she play _____ every day?

6. 她通常在晚上玩。

   She usually _____ _____ night.

7. 你媽媽討厭你玩電腦遊戲。

   _____ mom _____ _____ playing computer games.

8. 他們要她讀更多的書。

   They _____ _____ to read more books.

9. 她幾乎不玩電腦遊戲。

   She hardly ever _____ computer games.

10. 這款電腦遊戲很好玩。

    _____ computer game _____ fun.

改錯

圈出文法錯誤，並寫出正確的答案

例 She (isn't) go to school every day. （doesn't）

1. How long has he been read this book? （　　　　）

2. She enjoys watch TV. （　　　　）

3. He wants to buys a computer. （　　　　）

4. Do your mom play computer games? （　　　　）

5. His dad hates he reading comic books. （　　　　）

配合題

1.	其他的	（　）	**a.**	so
2.	更多的	（　）	**b.**	how long
3.	因此	（　）	**c.**	other
4.	可惜的事	（　）	**d.**	fun
5.	有趣的	（　）	**e.**	hardly ever
6.	多長的時間	（　）	**f.**	more
7.	很少	（　）	**g.**	pity

Part C-5

This Summer Vacation

Date: 06/26/2010　　　　　**Weather**: **Hot** and **sunny**

Tomorrow is the **first** day of **summer vacation**. I am very happy. I will do many **things** this **summer**. Dad has **worked** in Vietnam for a year, but he will come to Taiwan tomorrow. He will be home for one month. I'm **so** happy **that** I can't **sleep**.

Mom went **shopping** for **food** and **presents** with Betty and Karen. I went to the **library**. I **studied all** the afternoon. At **about** 5:00 P.M., I was **hungry**, so I went home to eat dinner. Mom made **hamburgers** for dinner.

C-05 Vocabulary

- **date** 日期
- **weather** 天氣
- **hot** 炎熱的
- **sunny** 晴朗的
- **first** 第一的
- **summer vacation** 暑假
- **thing** 事情
- **summer** 夏天
- **work**（**worked**）工作
- **so... that** 如此……以至於……
- **sleep**（**slept**）睡覺
- **shop**（**shopped**）購物
- **food** 食物
- **present** 禮物
- **library** 圖書館
- **study**（**studied**）研讀
- **all** 整個的
- **about** 大約在……的時候
- **hungry** 飢餓的
- **hamburger** 漢堡

1. Tomorrow is the first day of summer vacation.

_____

2. I will do many things this summer.

_____

3. Dad has worked in Vietnam for a year, but he will come to Taiwan tomorrow.

_____

4. Mom went shopping for food and presents with Betty and Karen.

_____

5. I was hungry, so I went home to eat dinner.

_____

造 句

1. 明天是暑假的第一天。

_____ _____ the _____ day of summer vacation.

2. 今年暑假他會做很多事。

He _____ _____ many things this summer.

3. 爸爸已經在美國工作一年，但是他明天會回來台灣。

Dat _____ _____ in America for a year, _____ he will come to Taiwan tomorrow.

4. 他會待在家裡一個月。

He _____ _____ home _____ one month.

5. 我很高興以至於睡不著。

I _____ _____ happy _____ I can't sleep.

6. 它很美味以至於我們吃很多。（時態：過去式）

It _____ _____ delicious _____ we _____ too much.

7. 我和朋友們採買食物跟禮物。（時態：過去式）

I _____ _____ _____ food and presents _____ friends.

8. 整個下午，他都在圖書館讀書。（時態：過去式）

He _____ in the library _____ the afternoon.

9. 他肚子餓，所以他回家吃晚餐。（時態：現在式）

He _____ hungry, _____ he _____ home to _____ dinner.

10. 他的媽媽做了披薩當午餐。

His mother _____ pizza _____ lunch.

圈出文法錯誤，並寫出正確的答案

例 She (isn't) go to school every day. （doesn't）

1. I will did many things this summer. （　　　　　）

2. David have worked in Japan for a year. （　　　　　）

3. He will is home for one month. （　　　　　）

4. She goed shopping for food and presents yesterday. （　　　　　）

5. I were hungry, so I went home to eat dinner. （　　　　　）

配合題

1. 日期	（　　）		**a.** summer vacation
2. 天氣	（　　）		**b.** library
3. 炎熱的	（　　）		**c.** shop（shopped）
4. 晴朗的	（　　）		**d.** work（worked）
5. 第一的	（　　）		**e.** weather
6. 暑假	（　　）		**f.** sunny
7. 事情	（　　）		**g.** all
8. 工作	（　　）		**h.** sleep（slept）
9. 睡覺	（　　）		**i.** first
10. 購物	（　　）		**j.** hot
11. 食物	（　　）		**k.** food
12. 禮物	（　　）		**l.** hungry
13. 圖書館	（　　）		**m.** present
14. 整個的	（　　）		**n.** date
15. 飢餓的	（　　）		**o.** thing

Fran's Dream

 C-06

Fran is a student in **high school**. She **dances well** and has **won** many **prizes**. She is a good student, but she does not like to study much. She **dreams of becoming** a **dancer**. Fran has a **dance teacher** to **teach** her every week. She **practices** hard every day. She **hopes** to go to dance school **after** high school.

單字表  C-06 Vocabulary

- **high school** 中學
- **dance（danced）** 跳舞
- **well** 很好地
- **win（won）** 贏得
- **prize** 獎
- **dream（dreamed）of** 夢想
- **become（became）** 成為
- **dancer** 舞者
- **dance teacher** 舞蹈老師
- **teach（taught）** 教
- **practice（practiced）** 練習
- **hope（hoped）** 希望
- **after** 在……之後

1. She dances well and has won many prizes.

_____

2. She is a good student, but she does not like to study much.

_____

3. She dreams of becoming a dancer.

_____

4. Fran has a dance teacher to teach her every week. She practices hard every day.

_____

5. She hopes to go to dance school after high school.

_____

造 句

1. 我是一位中學生。

_____ _____ a student in high school.

2. 我跳舞跳得很好。

I _____ _____.

3. 我以前跳舞跳得很好。

I _____ _____ before. **107**

4. 我已經得了很多獎。

   I _____ _____ many prizes.

5. 我是一個好學生，但是我不太喜歡念書。

   _____ _____ a good student, but I _____ _____
   _____ to study much.

6. 我很喜歡跳舞。

   I _____ _____ _____ much.

7. 她很喜歡唱歌。

   She _____ _____ _____ much.

8. 我夢想成為一位舞者。

   I _____ _____ _____ a dancer.

9. 我有一位舞蹈老師每星期教我跳舞。我每天很努力練習。

   I _____ a dance teacher to _____ me every week. I
   _____ _____ every day.

10. 我希望中學畢業後可以進入一間舞蹈學校。

   I _____ _____ _____ to dance school _____ high
   school.

㊋ 錯 ● ● ●

圈出文法錯誤，並寫出正確的答案

例 She (isn't) go to school every day. （doesn't）

1. Are she a student in high school? （　　　　）

2. I dance good. （　　　　）

3. I has won many prizes. （　　　　）

4. I dream of become a dancer. （　　　　）

5. She has a teacher to teaching her every month. （　　　　）

㊋ 合 題 ● ● ●

1.	中學	（　）	**a.**	hope（hoped）
2.	跳舞	（　）	**b.**	well
3.	很好地	（　）	**c.**	dancer
4.	贏得	（　）	**d.**	become（became）
5.	獎	（　）	**e.**	practice（practiced）
6.	夢想	（　）	**f.**	teach（taught）
7.	成為	（　）	**g.**	after
8.	舞者	（　）	**h.**	high school
9.	舞蹈老師	（　）	**i.**	win（won）
10.	教	（　）	**j.**	dream（dreamed）of
11.	練習	（　）	**k.**	dance teacher
12.	希望	（　）	**l.**	dance（danced）
13.	在……之後	（　）	**m.**	prize

Sunnyland

🎧 C-07

Sara : I **am going to** Sunnyland. You have been **there**, **right**? What **advice** do you have for me?

Joe : It's a **beautiful place**. I had fun **there**.

Sara : I **heard** it has tall **mountains**.

Joe : That's **right**. There are many nice **shops in town**, too.

Sara : Was your **trip expensive**?

Joe : No. I was there for a week and **only spent** NT$15,000.

Sara : That's **wonderful**. I will go in **July**.

Joe : **Have a great time!**

 🎧 C-07 Vocabulary

- **be going to** 打算；將要
- **there** 那裡
- **right** 正確的
- **advice** 建議
- **beautiful** 漂亮的
- **place** 地方
- **hear**（**heard**）聽說
- **mountain** 高山
- **shop** 商店

- **in town** 在鎮上
- **trip** 旅行；旅遊
- **expensive** 昂貴的；價格高的
- **only** 只有
- **spend**（**spent**）花費
- **wonderful** 太棒了
- **July** 七月
- **Have a great time!** 祝你玩得愉快！

英翻中

1. I am going to Sunnyland.

_____

2. What advice do you have for me?

_____

3. It's a beautiful place. I had fun there.

_____

4. There are many nice shops in town, too

_____

5. I was there for a week and only spent NT$15,000.

_____

造句

1. 他計畫去綠島。

   He _____ _____ _____ Greenland.

2. 他去過那裡，對吧？

   He _____ _____ there, right?

3. 你有什麼建議給他嗎？

   _____ advice _____ you _____ for _____?

4. 她有什麼建議給我嗎？

   _____ advice _____ she _____ for _____?

5. 它是個很美的地方。我在那裡玩得很愉快。

   It _____ a beautiful place. I _____ fun there.

6. 我聽說在鎮上有很多不錯的商店。

   I _____ there _____ many nice shops _____

   _____.

7. 你的新電腦很貴嗎？（時態：現在式）

   _____ _____ new computer expensive?

8. 不，我只花了台幣一萬元。

   No. I _____ _____ ten thousand NT dollars.

9. 她在那裡待了一個月。

   She _____ there _____ a month.

10. 他七月將去那裡。（will）

    He _____ _____ there in July.

改錯

圈出文法錯誤，並寫出正確的答案

例 She (isn't) go to school every day. （doesn't）

1. We is going to Sunnyland. （　　　　　　）

2. She did been there, right? （　　　　　　）

3. What advice do she have for me? （　　　　　　）

4. Were her trip expensive? （　　　　　）

5. I were there for a week and only spent NT$15,000. （　　　　　　）

配合題

1.	那裡	（　　）	**a.** place
2.	正確的	（　　）	**b.** expensive
3.	建議	（　　）	**c.** July
4.	漂亮的	（　　）	**d.** right
5.	地方	（　　）	**e.** only
6.	聽說	（　　）	**f.** wonderful
7.	高山	（　　）	**g.** mountain
8.	商店	（　　）	**h.** advice
9.	旅行；旅遊	（　　）	**i.** Have a great time!
10.	昂貴的；價格高的	（　　）	**j.** spend（spent）
11.	只有	（　　）	**k.** hear（heard）
12.	花費	（　　）	**l.** trip
13.	太棒了	（　　）	**m.** beautiful
14.	七月	（　　）	**n.** there
15.	祝你玩得愉快！	（　　）	**o.** shop

113

John Keats（約翰・濟慈）

🎧 C-08

Sue: What is that?

Frank: It's a book of **poems**.

Sue: Who **wrote** them?

Frank: The **great** English **poet** John Keats wrote them. He was born in 1795 and lived in London（倫敦）. After **graduating**, he **became** an **important poet**. He **died** very young. He **died at the age of** twenty-five. I like his **poems** a lot.

 🎧 C-08 Vocabulary

- **poem** 詩
- **write（wrote）** 寫
- **great** 傑出的
- **poet** 詩人
- **graduate（graduated）**
  （大學）畢業

- **become（became）** 成為
- **important** 重要的
- **die（died）** 死
- **at the age of...** 在……
  歲的時候

1. What is that? It is a book of poems.

_____

2. Who wrote them?

_____

3. The great English poet John Keats wrote them.

_____

4. He was born in 1795 and lived in London（倫敦）.

_____

5. After graduating, he became an important poet.

_____

1. 那是什麼？

_____ _____ that?

2. 它是一本詩集。

_____ _____ a book of poems.

3. 它們是誰寫的？

   ＿＿＿＿＿＿ wrote ＿＿＿＿＿＿?

4. 他哪一年生的？

   ＿＿＿＿＿＿ ＿＿＿＿＿＿ ＿＿＿＿＿＿ he born in?

5. 他生於1795年。

   He ＿＿＿＿＿＿ ＿＿＿＿＿＿ ＿＿＿＿＿＿ 1795.

6. 他住在倫敦。（時態：過去式）

   He ＿＿＿＿＿＿ ＿＿＿＿＿＿ London.

7. 他是做什麼的？（時態：現在式）

   ＿＿＿＿＿＿ ＿＿＿＿＿＿ he ＿＿＿＿＿＿?

8. 他是一位詩人。（時態：現在式）

   He ＿＿＿＿＿＿ a poet.

9. 完成學業之後，他成為一位重要的詩人。

   ＿＿＿＿＿＿ graduating, he ＿＿＿＿＿＿ an important poet.

10. 他在二十五歲的時候去世。

   He ＿＿＿＿＿＿ ＿＿＿＿＿＿ the age of twenty-five.

改錯 ● · ·

圈出文法錯誤，並寫出正確的答案

例 She isn't go to school every day.（doesn't）

1. Who is that? It is a book. （　　　　　）

2. Does he a poet? （　　　　　）

3. Are you born in 1988? （　　　　　）

4. John Keats wrote they. （　　　　）

5. He like his poems a lot. （　　　　）

配合題 ● ·

1. 詩	（　）	**a.**	die（died）
2. 寫	（　）	**b.**	great
3. 傑出的	（　）	**c.**	poem
4. 詩人	（　）	**d.**	become（became）
5. （大學）畢業	（　）	**e.**	at the age of...
6. 成為	（　）	**f.**	graduate（graduated）
7. 重要的	（　）	**g.**	important
8. 死	（　）	**h.**	write（wrote）
9. 在……歲的時候	（　）	**i.**	poet

117

Halloween Party

C-09

（Steve and Mike are **talking about** the **Halloween**
party.）

Steve : What will you **wear** to the **party**, Mike?

Mike　: I'm **still thinking about** it. Do you have any
　　　　ideas?

Steve : **Wear** this **robe**. You can be a **vampire**.

Mike　: Good **idea**. I'll be **the scariest vampire** there.

Steve : Will Sue come, too?

Mike　: **I think so**. It will be a big **party**. I **think
　　　　everyone** is coming.

Steve : **I hope** she doesn't **notice** me.

Mike　: **Why not**?

Steve : She's **mad at** me.

Mike　: She won't **notice** you if you will be the **vampire**.

 C-09 Vocabulary

- **talk（talked）about** 談論
- **Halloween** 萬聖節
- **wear（wore）** 穿著
- **party** 派對
- **still** 仍然；還是
- **think（thought）about** 考慮
- **idea** 主意
- **robe** 袍子
- **vampire** 吸血鬼

- **scary（scariest）** 恐怖的（最恐怖的）
- **I think so.** 我認為如此。
- **think（thought）** 想
- **everyone** 每個人
- **hope（hoped）** 希望
- **notice（noticed）** 注意
- **Why not?** 為何不呢？
- **be mad at sb** 對某人生氣

1. Steve and Mike are talking about the Halloween party.

_____

2. What will you wear to the party?

_____

3. I'm still thinking about it. Do you have any ideas?

_____

4. I'll be the scariest vampire.

_____

5. It will be a big party. I think everyone is coming.

_____

1. 你們正在談論什麼？

_____ _____ you _____ about?

2. 我們正在談論跨年派對。

We _____ _____ about the New Year's Eve party.

119

3. 他會穿什麼去派對？

_____ _____ he wear to the party?

4. 他還在考慮。

He _____ still _____ _____ it.

5. 她有任何主意嗎？（時態：現在式）

_____ she _____ any ideas?

6. 他在那裡將會是最英俊的王子。

He _____ _____ the most handsome prince there.

7. 他也會來嗎？

_____ he _____, too?

8. 我想每個人都會來。

I think everyone _____ _____.

9. 他希望 Sue 不會注意到他。

He hopes Sue doesn't notice _____.

10. 她在生我的氣。

She _____ _____ _____ me.

改錯

圈出文法錯誤，並寫出正確的答案

例 She (isn't) go to school every day. （doesn't）

1. They were talking about the party now. （   ）

2. What will she wearing to the party? （   ）

3. He is still think about it. （   ）

4. Do she have any ideas? （   ）

5. I hope she doesn't notice I. （   ）

配合題

1. 談論	（ ）	**a.**	everyone
2. 萬聖節	（ ）	**b.**	think（thought）about
3. 穿著	（ ）	**c.**	vampire
4. 仍然；還是	（ ）	**d.**	hope（hoped）
5. 考慮	（ ）	**e.**	Halloween
6. 主意	（ ）	**f.**	robe
7. 吸血鬼	（ ）	**g.**	scary（scariest）
8. 恐怖的（最恐怖的）	（ ）	**h.**	talk（talked）about
9. 每個人	（ ）	**i.**	wear（wore）
10. 希望	（ ）	**j.**	idea
11. 注意	（ ）	**k.**	be mad at sb
12. 對某人生氣	（ ）	**l.**	still
13. 袍子	（ ）	**m.**	notice（noticed）

A Letter to Terry

 C-10

September 30, 2010

Hi Terry,

How is everything? I have been very **busy** since I **moved back** to **Canada**. School **started** yesterday. I have many good teachers. I **think** I will **learn a lot**.

Our house in **Canada** is nice. **Perhaps**, you can come and **visit** us **during** the **Chinese New Year**. **If** you come, I will be very happy to **see** you. You can meet my friends and we can all go **skiing**.

I had fun in your **country**. Please **stay in touch**. I **miss** you very much!

All the best,
Angel

 C-10 Vocabulary

- **September** 九月
- **busy** 忙碌的
- **move**(**moved**) **back** 搬回
- **Canada** 加拿大
- **start**(**started**) 開始
- **think**(**thought**) 想
- **learn**(**learned**) 學習
- **a lot** 很多
- **perhaps** 也許
- **visit**(**visited**) 拜訪

- **during** 在……期間
- **Chinese New Year** 中國新年
- **if** 如果
- **see**(**saw**) 看見
- **ski**(**skiing**) 滑雪
- **country** 國家
- **stay in touch** 請保持聯絡
- **miss**(**missed**) 想念
- **all the best** 祝一切順利

1. I have been very busy since I moved back to Canada.

_____

2. School started yesterday. I have many good teachers.

_____

3. Perhaps, you can come and visit us during the Chinese New Year.

_____

4. If you come, I will be very happy to see you.

_____

5. I had fun in your country. Please stay in touch.

_____

1. 一切都好嗎？

_____ is everything?

2. 自從他搬回加拿大，他一直很忙碌。（時態：現在完成式）

He _____ _____ very busy _____ he _____ back
to Canada.

3. 學校什麼時候開學？（時態：過去式）

   _____ _____ school start?

4. 學校上星期開學了。

   School _____ last week.

5. 他有很多很好的老師。（時態：現在式）

   He _____ many good teachers.

6. 他想他將會學到很多。

   He _____ he _____ _____ a lot.

7. 他中國新年期間可以來拜訪我們嗎？

   _____ he come and visit _____ during the Chinese New
   Year?

8. 如果他來，我們會很高興見到他。

   If he _____, we will _____ very happy to see _____.

9. 你可以見我的朋友們，我們全部的人可以去滑雪。

   You can _____ my friends and we can all _____
   _____.

10. 他非常想念我。

    He _____ _____ very much.

改 錯

圈出文法錯誤，並寫出正確的答案

例 She (isn't) go to school every day. （doesn't）

1. She has moves back to Japan. （   ）

2. Are you have many good teachers? （   ）

3. Where does his house? （   ）

4. If he come, we will be very happy to see him. （   ）

5. They can all go ski. （   ）

配 合 題

1. 九月	（ ）	**a.** move（moved）back
2. 忙碌的	（ ）	**b.** during
3. 搬回	（ ）	**c.** think（thought）
4. 開始	（ ）	**d.** visit（visited）
5. 想	（ ）	**e.** ski（skiing）
6. 學習	（ ）	**f.** miss（missed）
7. 也許	（ ）	**g.** Chinese New Year
8. 拜訪	（ ）	**h.** busy
9. 在⋯⋯期間	（ ）	**i.** perhaps
10. 中國新年	（ ）	**j.** see（saw）
11. 如果	（ ）	**k.** learn（learned）
12. 看見	（ ）	**l.** September
13. 滑雪	（ ）	**m.** if
14. 國家	（ ）	**n.** country
15. 想念	（ ）	**o.** start（started）

Answers
Part A

Answers

Part A-1　Florida Kitchen

中文翻譯

佛羅里達餐廳

你的孩子們喜歡吃嗎？他們吃水果和蔬菜嗎？他們喝果汁和牛奶嗎？或是他們只吃垃圾食物和喝汽水？找到他們喜歡的食物對你來說困難嗎？

吃健康的食物很重要，尤其對小孩們來說。我們的餐廳了解這點，而且當我們在製作餐點的時候將它謹記在心。我們製作小孩們喜歡的食物，所以他們會長得高又壯。小孩們都喜歡在佛羅里達餐廳吃餐點。

英翻中

1. 你的孩子們喜歡吃嗎？
2. 他們吃水果和蔬菜嗎？
3. 找到他們喜歡的食物對你來說困難嗎？
4. 吃健康的食物很重要，尤其對小孩們來說。
5. 我們的餐廳了解這點，而且當我們在製作餐點的時候將它謹記在心。

造句

1. **Do** your children like **playing**?
2. **Do** you **drink** juice and milk?
3. **Does her** daughter **eat** fruits and vegetables?
4. **Or** does she **only** eat junk food and **drink** soda?
5. **Is** it difficult **for** you to find food that they like?
6. **Eating** healthy food **is** important, especially **for** children.
7. He **knows** this **when** he makes meals.
8. **My** restaurant **keeps** this in mind.
9. She **makes** food that children like, **so** they will **grow** tall and strong.

10. **Kids** like to **eat** at the Florida Kitchen.

改錯

1. (Does) her children like playing? (**Do**)
2. (Does) it difficult for you to find food that children like? (**Is**)
3. (Eat) healthy food is important. (**Eating**)
4. They (keeps) it in mind when they make meals. (**keep**)
5. She makes food that kids like, so they will (grows) tall and strong. (**grow**)

配合題

1. 小孩（複數）　　　（**m.** children）
2. 水果　　　　　　　（**h.** fruit）
3. 蔬菜　　　　　　　（**n.** vegetable）
4. 垃圾食物　　　　　（**a.** junk food）
5. 汽水　　　　　　　（**g.** soda）
6. 困難的　　　　　　（**c.** difficult）
7. 健康的　　　　　　（**o.** healthy）
8. 重要的　　　　　　（**b.** important）
9. 尤其；特別　　　　（**l.** especially）
10. 餐廳　　　　　　　（**i.** restaurant）
11. 知道；了解　　　　（**j.** know（knew））
12. 記住　　　　　　　（**d.** keep（kept）in mind）
13. 餐點　　　　　　　（**f.** meal）
14. 成長　　　　　　　（**k.** grow（grew））
15. 強壯的　　　　　　（**e.** strong）

Part A-2 Tom's Brother

中文翻譯

Tom 的弟弟

Lisa：哇！這麼多照片。它們是你的嗎？

Tom：不，它們是我的弟弟的。我叔叔上個月帶他到夏威夷。

Lisa：他看起來很小。他是國小學生嗎？

Tom：對，他現在讀國小二年級。這是他第一次出國。他玩得很愉
快。

Lisa：夏威夷看起來很有趣。

Tom：對啊。那裡的天氣很好。有各種水上活動。

英翻中

1. 它們是你的嗎？

2. 我叔叔上個月帶他到夏威夷。

3. 他是國小學生嗎？

4. 這是他第一次出國。

5. 有各種水上活動。

造句

1. Are they **hers**?

2. They **are** her **brother's**.

3. **Her uncle took her** to Hawaii last month.

4. They **look** little.

5. **Is she** a primary school student?

6. I **am in** the second **grade**.

7. This **is my** first time going abroad.

8. We **had** a good time.

9. Hawaii **looks** fun.

10. There are all **kinds** of water activities.

改錯

1. They are shes. （**hers**）
2. Did he take she to Japan last week? （**her**）
3. Does Tom a primary school student? （**Is**）
4. It look fun. （**looks**）
5. He had a good times. （**time**）

配合題

1. 照片　　　　　　　（**e.** picture）
2. 帶……到　　　　　（**l.** take（took）...to）
3. 小的　　　　　　　（**a.** little）
4. 小學　　　　　　　（**j.** primary school）
5. 第二的　　　　　　（**f.** second）
6. ……的　　　　　　（**k.** of）
7. 第一的　　　　　　（**i.** first）
8. 次數　　　　　　　（**g.** time）
9. 有趣的　　　　　　（**b.** fun）
10. 天氣　　　　　　　（**m.** weather）
11. 在那裡　　　　　　（**h.** there）
12. 美好的　　　　　　（**c.** wonderful）
13. 水上活動　　　　　（**d.** water activity）

Part A-3 Sick Nick

中文翻譯

生病的 Nick

Nick 喜歡吃披薩和蛋糕。昨天是他的生日。他的祖母做了一個大生日蛋糕給他。他的父母買了兩個大披薩。Nick 是如此地快樂以至於他吃了太多。他今天沒上學，因為他胃痛。他整天躺在床上。Nick 的老師下午打電話給他。她關心他，而且告訴他要休息。Nick 晚上覺得好多了。他明天會去上學。

英翻中

1. 他的祖母做了一個大生日蛋糕給他。

2. Nick 是如此地快樂以至於他吃了太多。

3. 他今天沒上學，因為他胃痛。

4. 他整天躺在床上。

5. 她關心他，而且告訴他要休息。

造句

1. I **like** to **eat** pizza and cake.

2. Yesterday **was my** birthday.

3. **Your** grandmother **made** a big birthday cake for **me**.

4. **Her** parents **bought** two large pizzas.

5. I **was** so happy that I **ate** too much.

6. I **didn't** go to school today because I **got** a stomachache.

7. I **was in** bed all **day**.

8. **Their** teacher **called them in** the afternoon.

9. They **were concerned** about me and **told** me to rest.

10. I **will go** to school **tomorrow**.

改錯

1. She likes to (eats) pizza. (**eat**)

2. He made a cake for (I). (**me**)

3. Nick didn't (went) to school yesterday. (**go**)

4. (Do) you calling Nick's teacher now? (**Are**)

132

5. He **felts** better yesterday. (**felt**)

配合題

1. 病的　　　　　　　（**g.** sick）
2. 披薩　　　　　　　（**h.** pizza）
3. 買　　　　　　　　（**a.** buy（bought））
4. 大的　　　　　　　（**m.** large）
5. 太　　　　　　　　（**o.** too）
6. 許多　　　　　　　（**i.** much）
7. 因為　　　　　　　（**b.** because）
8. 得到　　　　　　　（**e.** get（got））
9. 胃痛　　　　　　　（**n.** stomachache）
10. 臥床　　　　　　　（**d.** in bed）
11. 整天　　　　　　　（**k.** all day）
12. 關心　　　　　　　（**j.** be concerned about）
13. 告訴　　　　　　　（**c.** tell（told））
14. 休息　　　　　　　（**l.** rest（rested））
15. 覺得　　　　　　　（**f.** feel（felt））

Part A-4　A Broken Car

中文翻譯

一輛損壞的汽車

Sally：我不敢相信你遲到這麼久。現在已經太晚看不到電影了。

Bill　：很抱歉。我的車子故障而且我忘記帶我的手機。為了找公共電話我走了好久，但是都找不到。我必須走到這裡。

Sally：你的車子在哪裡？

Bill　：它在大街上的國中旁邊。

Sally：我可以幫你什麼嗎？

Bill　：我可以用你的手機嗎？我必須打電話給維修員。

Sally：當然。這裡，拿去。

英翻中

1. 太晚了看不到電影了。

2. 我的車故障了而且我忘了攜帶我的手機。

3. 為了找公共電話我走了好久，但是都找不到。

4. 它在大街上的國中旁邊。

5. 我可以用你的手機嗎？我必須打電話給維修員。

造句

1. I **can't** believe you **are** so late.

2. It's **too** late **to** see the movie.

3. My car **broke** down and I **forgot** to bring my cell phone.

4. I **walked** for a long time **to** find a public phone, but I couldn't find one.

5. I **had to** walk here.

6. **Where is** your bicycle?

7. It is **next to** a park on Main Street.

8. **What** can I **do** to help?

9. **Can** I **use** your cell phone?

10. I **have** to **call** a repairman.

改錯

1. It are too late to see the movie.（**is**）

2. My car breaked down.（**broke**）

3. I walking for a long time to find a public phone yesterday.（**walked**）

4. What is your car? It is on Main Street.（**Where**）

5. I have to calling a repairman.（**call**）

134

配合題

1. 相信　　　　　　（**h.** believe（believed））
2. 晚的；遲到的　　（**e.** late）
3. 太……以至於　　（**a.** too... to）
4. 故障　　　　　　（**f.** break（broke）down ）
5. 忘記　　　　　　（**k.** forget（forgot））
6. 攜帶　　　　　　（**i.** bring（brought））
7. 公共的　　　　　（**b.** public）
8. 在……旁邊　　　（**c.** next to）
9. 國中　　　　　　（**g.** junior high school）
10. 幫忙　　　　　　（**j.** help（helped））
11. 維修員　　　　　（**d.** repairman）

Part A-5　Christmas Presents

中文翻譯

聖誕節禮物

Sam ：聖誕節你給媽媽什麼東西？

Mary：一台電腦。

Sam ：什麼？她已經有一台了。

Mary：對，但是她的那台舊電腦很慢。你給她什麼？

Sam ：我買給她電視遊戲。

Mary：為什麼是電視遊戲？她不玩電視遊戲。當你玩遊戲的時候她覺得討厭。

Sam ：我知道。如果她玩，她會知道為什麼我喜歡電視遊戲而且她會讓我玩更多。這是個很棒的禮物，因為我們可以一起玩電視遊戲。

英翻中

1. 聖誕節你給媽媽什麼東西？

2. 你給她什麼？

3. 為什麼是電視遊戲？

4. 如果她玩，她會知道為什麼我喜歡電視遊戲而且她會讓我玩更多。

5. 這是個很棒的禮物，因為我們可以一起玩電視遊戲。

造句

1. **What did** you **give** Dad for Christmas?

2. He already **has one**.

3. But **his** old one **is** slow.

4. **What did** you give **him**?

5. I **bought him** a cell phone.

6. **Why** a cell phone?

7. She **hates it when** you play video games.

8. **If** she plays, she'll understand **why** I like video games.

9. She'll **let** me play **more**.

10. It **is** a great present, **because** we can play games together.

改錯

1. (Where) did you give Mom for Christmas? I gave her a computer. (**What**)

2. We already (has) one. (**have**)

3. My old computer (are) slow. (**is**)

4. What did you give (he)? (**him**)

5. He hates it when you (plays) video games. (**play**)

配合題

1. 聖誕節　　　(**h.** Christmas)

2. 已經　　　　(**e.** already)

3. 買　　　　　　　　　(**i.** buy（bought））

4. 為什麼　　　　　　　(**d.** why)

5. 電視遊戲　　　　　　(**j.** video game)

6. 討厭　　　　　　　　(**m.** hate（hated））

7. 如果　　　　　　　　(**c.** if)

8. 知道　　　　　　　　(**a.** understand（understood））

9. 讓　　　　　　　　　(**k.** let)

10. 更多　　　　　　　　(**f.** more)

11. 很棒的　　　　　　　(**l.** great)

12. 禮物　　　　　　　　(**g.** present)

13. 因為　　　　　　　　(**b.** because)

Part A-6　Seeing a Movie

中文翻譯

看電影

Tony：嗨，Lucy。我爸爸剛告訴我週六他沒辦法開車送我們到鎮上。

Lucy：沒關係。我們可以搭公車。讓我確認一下公車時刻表。八點四十五分有一班公車。會不會太早？

Tony：對的，電影一點開始。我們會有兩到三個小時無事可做。

Lucy：在十一點有一班車。那班如何呢？

Tony：那比較好。我們可以在電影院旁邊的速食店吃午餐並在那裡等著看電影。

Lucy：好主意。

英翻中

1. 我爸爸剛告訴我週六他沒辦法開車送我們到鎮上。

2. 讓我確認一下公車時刻表。

3. 八點四十五分有一班公車。

4. 我們會有兩到三個小時無事可做。

5. 我們可以在電影院旁邊的速食店吃午餐。

造句

1. My dad just told **me** he **can't** drive us into town on **Wednesday**.

2. **How did** you go to school yesterday?

3. We **took** a bus yesterday.

4. **Let me** check the bus schedule.

5. **There is** a bus **at** 8:45 a.m.

6. **Is** that **too** early?

7. We **will** have nothing **to** do for two hours.

8. **There is** one **at** 11:30. **How about** that one?

9. The fast food restaurant **is next to** the park.

10. We can **have** lunch **at** the fast food restaurant.

改錯

1. He can't (drove) us into town on Sunday. (**drive**)

2. How did you go into town today? I (**taked**) a bus. (**took**)

3. Let (she) check her schedule. (**her**)

4. There (are) a bus at 8:45 a.m. (**is**)

5. We will have nothing to (doing) for three hours. (**do**)

配合題

1. 告訴   (**k.** tell（told）)

2. 開車   (**d.** drive（drove）)

3. 城鎮   (**m.** town)

4. 搭（交通工具）   (**a.** take（took）)

5. 主意   (**o.** idea)

6. 檢查；核對   (**l.** check（checked）)

138

7. 時間表　　　　　（**c.** schedule）

8. 早的　　　　　　（**h.** early）

9. 開始　　　　　　（**n.** start（started））

10. 沒有事情　　　　（**i.** nothing）

11. ……如何？　　　（**e.** How about...?）

12. 速食店　　　　　（**g.** fast food restaurant）

13. 在……旁邊　　　（**j.** next to）

14. 電影院　　　　　（**f.** movie theater）

15. 等待　　　　　　（**b.** wait（waited）for）

Part A-7　Going to America by Ship

中文翻譯

搭船去美國

Jessie　：你會在哪裡度過你的暑假？

Robert：在美國。

Jessie　：你會怎麼去那裡，再一次搭船嗎？

Robert：當然是搭船！我非常喜歡海。

Jessie　：我記得你去年自己搭船去日本。你會再一次獨自去美國嗎？

Robert：不，這次我太太也會去美國。

Jessie　：她喜歡海嗎？

Robert：這個……這是她第一次搭船。她怕她會暈船。

英翻中

1. 你會在哪裡度過你的暑假？

2. 你會怎麼去那裡，再一次搭船嗎？

3. 你去年自己搭船去日本。

4. 這是她第一次搭船。

5. 她將會暈船。

造句

1. Where **will** he **spend his** summer vacation?

2. **How will** he go there, **by** ship again?

3. He **likes** the sea very much.

4. **Did** you **go** to Japan by **yourself** last time?

5. He **went** to Japan by **himself** by ship last year.

6. **Will** she go to America by **herself** again?

7. This time **his** wife will **go** to America, too.

8. **Do** you **like** the sea?

9. This is **my** first time **taking** a ship.

10. I will **be** seasick.

改錯

1. You like (he) very much. (**him**)

2. She went to America by (sheself) last month. (**herself**)

3. This time his son will (goes) to Japan. (**go**)

4. Does Robert (likes) sea? (**like**)

5. He won't (is) seasick. (**be**)

配合題

1. 度過　　　　　(**d.** spend (spent))

2. 暑假　　　　　(**l.** summer vacation)

3. 那裡　　　　　(**a.** there)

4. 搭船　　　　　(**e.** by ship)

5. 海　　　　　　(**k.** sea)

6. 再　　　　　　(**g.** again)

7. 記得　　　　　(**m.** remember (remembered))

8. 次　　　　　　(**f.** time)

140

9. 太太　　　　　　　　(**b.** wife)

10. 第一的　　　　　　(**i.** first)

11. 搭（交通工具）　(**n.** take（took）)

12. 船　　　　　　　　(**j.** ship)

13. 害怕的　　　　　　(**c.** afraid)

14. 暈船的　　　　　　(**h.** seasick)

Part A-8　My Classmate

中文翻譯

我的同學

James 是我的同學。他的抽屜總是很髒。我經常告訴他他應該丟掉他的垃圾，但是他無法理解。

有一天，我們的老師吳女士示範如何丟垃圾到垃圾桶給 James 看。吳女士帶他去丟垃圾並告訴他他應該保持教室乾淨。她持續每天做了一個月。最後，James 懂了。

英翻中

1. 他的抽屜總是很髒。

2. 他應該丟掉他的垃圾，但是他無法理解。

3. 有一天，我們的老師張女士示範給 James 丟垃圾到垃圾桶。

4. 他應該保持教室乾淨。

5. 她持續一個月每天做。（她持續每天做了一個月）

造句

1. **Who was** she?

2. He **was my** classmate.

3. **His** hands **were** always dirty.

4. **When did** you tell **them**?

141

5. She **should** throw out the trash, but she **could** not **understand**.

6. One day, **his** teacher **showed** us to **throw out** the trash.

7. **Where was** he?

8. I **took him to** throw out the trash.

9. She should **keep** the **classroom** clean.

10. We **did** that every day **for** one month.

改錯

1. (**Were**) Ted your friend? (**Was**)

2. She (**telled**) me last night. (**told**)

3. Ms. Lin keeps the classroom (**cleans**). (**clean**)

4. (**Are**) you understand? (**Do**)

5. When did she (**showed**) him the book? (**show**)

配合題

1. 同學　　　　　(**k.** classmate)

2. 總是　　　　　(**a.** always)

3. 髒的　　　　　(**f.** dirty)

4. 經常　　　　　(**o.** often)

5. 告訴　　　　　(**b.** tell (told))

6. 應該　　　　　(**g.** should)

7. 丟掉　　　　　(**e.** throw (threw))

8. 能　　　　　　(**j.** can (could))

9. 理解　　　　　(**d.** understand (understood))

10. 抽屜　　　　　(**l.** drawer)

11. 垃圾桶　　　　(**m.** trash can)

12. 保持　　　　　(**h.** keep (kept))

13. 乾淨的　　　　(**n.** clean)

14. (表時間)達　　(**i.** for)

15. 最後　　　　　　（**c.** finally）

Part A-9 The Old Days

中文翻譯

昔日

　　我年紀還小的時候，我的家人都住在鄉下。我們家就在河邊。我們在涼爽、乾淨的河水中游泳。鄉下有很多鳥和小動物。我們喜歡觀賞牠們。我們很喜歡住在鄉下。真是美好的生活。

　　現在，我們住在城裡，但我們拜訪我的祖母。她仍然住在鄉下。鄉下不一樣了。河水很髒而且鳥和動物已經不在了。這讓我感到難過。

英翻中

1. 我年紀還小的時候，我的家人都住在鄉下。
2. 我們在涼爽、乾淨的河水中游泳。
3. 鄉下有很多鳥和小動物。
4. 我們很喜歡住在鄉下。真是美好的生活。
5. 河水很髒而且鳥和動物已經不在了。

造句

1. When **she** was little, **her** family **lived** in the country.
2. **Their** house **was next to** a river.
3. She **swam** in the river's cool, clean water.
4. **There were** many birds and small animals in the country.
5. She liked **to watch** them.
6. She liked **living** in the country.
7. She **lives** in the city, but **her** grandmother still **lives** there.
8. The country **is different**.

9. The water **is** dirty and the birds and animals **are gone**.

10. It **makes them sad**.

改錯

1. Her house (are) next to the library（圖書館）. (**is**)

2. They (swimed) in the river yesterday. (**swam**)

3. There (is) many birds and small animals before. (**were**)

4. The country (are) different. (**is**)

5. It makes (we) sad. (**us**)

配合題

1. 家庭　　　　　　　　(**c.** family)

2. 居住　　　　　　　　(**m.** live（lived）)

3. 鄉下　　　　　　　　(**i.** country)

4. 在……旁邊　　　　　(**d.** next to)

5. 河　　　　　　　　　(**o.** river)

6. 游泳　　　　　　　　(**e.** swim（swam）)

7. 涼快的　　　　　　　(**l.** cool)

8. 乾淨的　　　　　　　(**a.** clean)

9. 動物　　　　　　　　(**f.** animal)

10. 生活　　　　　　　　(**j.** life)

11. 城市　　　　　　　　(**g.** city)

12. 仍然　　　　　　　　(**n.** still)

13. 拜訪　　　　　　　　(**k.** visit（visited）)

14. 不同的；不一樣的　　(**b.** different)

15. 髒的　　　　　　　　(**h.** dirty)

Part A-10　Internet Friends

中文翻譯

網友

Lois：爸爸，我在網路上認識了一個人。星期日我可以跟他出去嗎？

爸爸：那不是一個好主意。他可能是危險的。你可以邀請他來我們家吃晚餐。

Lois：為什麼？

爸爸：有些人在網路上不用他們真實的姓名。有很多故事是關於壞人利用網路。他們騙年輕人而且傷害他們。我們不認識這個人。如果你單獨跟他出去，我很擔心他可能會傷害你。

英翻中

1. 我在網路上認識了一個人。

2. 這星期日我可以跟他出去嗎？

3. 你可以邀請他到我們家吃晚餐。

4. 有些人在網路上不用他們真實的姓名。

5. 我很擔心他可能會傷害你，如果你單獨跟他出去。

造句

1. She **met** somebody **on** the Internet.

2. **Can** I **go out** with him on **Saturday**?

3. He **could be** dangerous.

4. That **is not** a good idea.

5. We could **invite him** to **our** house **for** dinner.

6. Some people **on** the Internet **don't use their** real names.

7. **There are** many stories **about** bad people who **use** the Internet.

8. They **lie to** young people and **hurt them**.

9. She **doesn't know** this person.

10. **She is** worried that he might hurt you **if** you **go out** with **him** alone.

改錯

1. I meeted somebody on the Internet last week. (**met**)
2. Can she goes out with him on Sunday? (**go**)
3. He could is dangerous. (**be**)
4. You could invite she to our house for dinner. (**her**)
5. There is many stories about bad people who use the Internet. (**are**)

配合題

1. 某個人 　　　　　　（**f.** somebody）
2. 網際網路 　　　　　（**l.** Internet）
3. 出去；出門 　　　　（**g.** go（went）out）
4. 危險的 　　　　　　（**a.** dangerous）
5. 邀請 　　　　　　　（**e.** invite（invited））
6. 為什麼 　　　　　　（**n.** why）
7. 人們 　　　　　　　（**h.** people）
8. 使用 　　　　　　　（**b.** use（used））
9. 真實的 　　　　　　（**o.** real）
10. 故事 　　　　　　　（**m.** story）
11. 說謊 　　　　　　　（**i.** lie（lied）to ）
12. 傷害 　　　　　　　（**k.** hurt（hurt））
13. 知道 　　　　　　　（**c.** know（knew））
14. 如果 　　　　　　　（**d.** if）
15. 單獨地 　　　　　　（**j.** alone）

Answers
Part B

Answers

Part B-1 Uncle Jim's Paintings

中文翻譯

Jim 叔叔的畫

我的 Jim 叔叔話不多。他總是在畫畫。它讓他快樂。

在他的畫裡沒有人。只有樹和山。它們有奇怪的形狀和顏色。我不太了解 Jim 叔叔的畫,但是我還是非常喜歡它們。

英翻中

1. 我的 Jim 叔叔話不多。
2. 繪圖讓他快樂。
3. 在他的畫裡沒有人。
4. 它們有奇怪的形狀和顏色。
5. 我不太了解 Jim 叔叔的畫,但是我還是非常喜歡它們。

造句

1. I **do not talk much**.
2. I **am always** painting.
3. Painting **makes** me **happy**.
4. These paintings **are mine**.
5. They **make me** happy.
6. **There are no** people **in my** paintings.
7. **There are** only trees **and** mountains.
8. It **has** strange shapes **and colors**.
9. She **does not** quite understand **his** paintings.
10. She still **likes them** a lot.

改錯

1. Your son ⟨talk⟩ much. (**talks**)
2. She is ⟨paints⟩ now. (**painting**)

3. I make (they) happy. (**them**)
4. There (is) five trees. (**are**)
5. He painted by (hisself). (**himself**)

配合題

1. 圖畫(名詞)　　　　(**f.** painting)
2. 總是　　　　　　　(**l.** always)
3. 繪畫(動詞)　　　　(**a.** paint(painted))
4. 相當地　　　　　　(**g.** quite)
5. 人們　　　　　　　(**b.** people)
6. 只有　　　　　　　(**k.** only)
7. 樹　　　　　　　　(**e.** tree)
8. 山　　　　　　　　(**h.** mountain)
9. 奇怪的　　　　　　(**d.** strange)
10. 形狀　　　　　　　(**j.** shape)
11. 了解　　　　　　　(**c.** understand)
12. 仍然　　　　　　　(**i.** still)

Part B-2　Mike's Pen

中文翻譯

Mike 的筆

Mike　：我找不到我的筆。你們有看到它嗎？它是黑色的，帶有綠色的
　　　　星星。

Nora　：不，我沒有看到它。

Frank：我也沒有看到它。

Mike　：你們的鉛筆盒裡有幾枝筆？或許它在你們其中一人的鉛筆盒
　　　　裡。

Nora ：讓我看看。我有……三、四、五。我有五枝。我沒有看到有星星的筆。

Frank ：我的鉛筆盒裡有七枝筆，但是我應該只有六枝。這是你的嗎？

Mike ：對，它是。它是我的。

英翻中

1. 它是黑色的，帶有綠色的星星。

2. 我也沒有看到它。

3. 你們的鉛筆盒裡有幾枝筆？

4. 我應該只有六枝。

5. 這是你的嗎？

造句

1. He **can't find** his pen.

2. **Does** she see **it**?

3. They **are** black **with** green stars.

4. She **doesn't** see **them**.

5. He **doesn't** see **us**, **either**.

6. How **many** pens **are there** in **his** pencil box?

7. Maybe they **are in my** pencil box.

8. He **doesn't see** the pen **with** stars.

9. He **should** only **have seven**.

10. Is this **hers**?

改錯

1. Did he see they? (**them**)

2. How many pencil do you have? (**pencils**)

3. Is this pen yous? (**yours**)

4. There have six pencil boxes. (**are**)

150

5. I don't have (mine) own box. (**my**)

配合題

1. 看 (**f.** see (saw))
2. 有……的 (**c.** with)
3. 星星 (**h.** star)
4. 也 (**b.** either)
5. 鉛筆盒 (**g.** pencil box)
6. 或許 (**d.** maybe)
7. 讓 (**a.** let (let))
8. 只有 (**e.** only)

Part B-3 John's Little Sister

中文翻譯

John 的妹妹

Mary ：John，這是你妹妹嗎？

John ：是的，這是 Helen。我正在照顧她。

Mary ：她幾歲？

John ：她 11 個月大。

Mary ：她會走路嗎？

John ：不會，但是她很會爬。

Mary ：好棒！她會說話嗎？

John ：一點點。畢竟，她還太小了。

Mary ：哦，但是我還是能跟她說話。看我，哇——哇——吧，我看見你 (Helen)。

Helen ：哈哈……

Mary ：看吧！她在笑。她喜歡我。

John ：或許你能幫我照顧她。

Mary ：很樂意。

英翻中

1. 這是你小妹嗎？

2. 我正在照顧她。

3. 畢竟，她還太小了。

4. 我還是能跟她說話。

5. 或許你能幫我照顧她。

造句

1. **Is** this your little brother?

2. She **is taking** care of **him**.

3. How old **are** they?

4. They **are ten months** old.

5. She can **crawl well**.

6. **Can** they **walk**?

7. They **are laughing**.

8. Maybe I **can** help **you** take care of **him**.

9. **My** pleasure.

改錯

1. (**Does**) that Mary? (**Is**)

2. She is taking care of (**he**). (**him**)

3. He (**have**) a date tonight. (**has**)

4. How old (**do**) they? (**are**)

5. Can they stand by (**themself**)? (**themselves**)

配合題

1. 小的   (**i.** little)

2. 照顧   (**e.** take（took）care of）

3. 爬   (**a.** crawl（crawled））

4. 好地   (**j.** well）

5. 只   (**d.** just）

6. 一點點   (**h.** a little）

7. 畢竟   (**f.** after all）

8. 仍然   (**b.** still）

9. 觀看   (**k.** watch（watched））

10. 笑   (**c.** laugh（laughed））

11. 或許   (**g.** maybe）

Part B-4 Nick's Birthday

中文翻譯

Nick 的生日

林女士：你看起來這麼的快樂！

Nick　：昨天是我的生日，也是我堂哥的生日。我們有個美好的一天。

林女士：你和你堂哥幾歲？

Nick　：我十二歲。我堂哥比我大兩歲。

林女士：誰為了你的生日給了你禮物？

Nick　：我父母給了我三個玩具車和一個新書包。我祖母為我做了一個巧克力蛋糕。那個派對讓我很快樂。

林女士：你應該要謝謝他們為了你做了這些。

Nick　：當然！

英翻中

1. 你看起來這麼的快樂！

2. 它也是我堂哥的生日。

3. 你和你堂哥幾歲？

4. 我堂哥比我大兩歲。

5. 誰為了你的生日給你禮物？

造句

1. She **looks** so happy!

2. Tomorrow **is** her birthday.

3. Yesterday **was** also his **cousin's** birthday.

4. He **had** a nice day.

5. How old **is** he?

6. He **is nineteen** years old.

7. His cousin **is seven** years **younger** than he.

8. **Who gave** them gifts **for** their birthday?

9. **His** parents **gave him** three toy cars.

10. His sister **didn't give** him gifts.

改錯

1. He looks so (angrily). (**angry**)

2. How old (do) you? (**are**)

3. She is two (year) old. (**years**)

4. He is one year (old) than she. (**older**)

5. We should (drank) milk every day. (**drink**)

配合題

1. 也　　　　　　　　（**c.** also）

2. 堂（表）兄弟姊妹　（**f.** cousin）

3. 禮物　　　　　　　（**b.** gift）

4. 書包　　　　　　　（**d.** schoolbag）

5. 巧克力　　　　　　（**a.** chocolate）

6. 派對　　　　　　　（**e.** party）

154

7. 給   （**h.** give（gave））
8. 使   （**g.** make（made））

Part B-5　A Picnic

中文翻譯

野餐

昨天天氣很好。Paul 和 Helen 在公園裡野餐。他們看到一隻猴子在樹上。那隻猴子看起來既渴又餓。Helen 給牠一些香蕉和一瓶水。Paul 很頑皮。他給那隻猴子一塊沾上辣醬的麵包。那隻猴子吃了麵包，但是麵包很辣。猴子很生氣追著 Paul 跑。

英翻中

1. Paul 和 Helen 在公園裡野餐。
2. 那隻猴子看起來既渴又餓。
3. 他給那隻猴子一塊沾上辣醬的麵包。
4. 那隻猴子吃了麵包，但是麵包很辣。
5. 猴子很生氣追著 Paul 跑。

造句

1. The weather **was** good **yesterday**.
2. We **had** a picnic **in** the park.
3. We **saw** a monkey **in** the tree.
4. The monkey **looked** thirsty and hungry.
5. **What did** you give it?
6. I **gave** it **some** bananas and a **bottle** of water.
7. I **gave** the monkey a **piece** of bread **with** hot sauce.
8. The monkey **ate** the bread.
9. It **was** hot.

10. We **were** angry and **ran** after **him**.

改錯

1. There (has) a park. (**is**)
2. You look (hungrily). (**hungry**)
3. He drank some (waters). (**water**)
4. She (gived) him some bananas. (**gave**)
5. We (eated) lunch. (**ate**)

配合題

1. 天氣　　　　　（**i.** weather）
2. 野餐　　　　　（**d.** picnic）
3. 公園　　　　　（**f.** park）
4. 看到　　　　　（**a.** see（saw））
5. 猴子　　　　　（**h.** monkey）
6. 樹　　　　　　（**j.** tree）
7. 口渴的　　　　（**g.** thirsty）
8. 飢餓的　　　　（**b.** hungry）
9. 頑皮的　　　　（**l.** naughty）
10. 變成　　　　　（**e.** become（became））
11. 辣的　　　　　（**c.** hot）
12. 追趕　　　　　（**k.** run（ran）after）

Part B-6 Isadora Duncan（伊莎朵拉·鄧肯）

中文翻譯

伊莎朵拉·鄧肯

伊莎朵拉·鄧肯 1877 年出生於美國。她是現代舞的傳奇。她只有六歲的時候，她熱愛跳舞而且教其他小孩們跳舞。她把很多想法放進藝術中，相信舞蹈來自內心而且有其生命。現代人持續從這位大師身上學到東西。

英翻中

1. 伊莎朵拉・鄧肯 1877 年出生於美國。
2. 她是現代舞的傳奇。
3. 她只有六歲的時候，她熱愛跳舞而且教其他小孩們跳舞。
4. 她把很多想法放進藝術中。
5. 她相信舞蹈來自內心而且有其生命。

造句

1. **Which year was** Isadora born in?
2. She **was** born **in** the United States in 1877.
3. **Which year were** you born in?
4. I **was** born in Taiwan **in** 1995.
5. She **is** a legend **of** modern dance.
6. **When** she was only six, she **loved to** dance and **to** teach other children to dance.
7. **When** I was ten, I loved to **play** the piano.
8. Isadora believed that dance **comes from** the heart and that it is life **itself**.
9. He **believes** that music comes from the heart.
10. People today continue **to learn from** this great teacher.

改錯

1. Which year (is) he born in? (**was**)
2. They (do) born in 1988. (**were**)
3. He (were) my teacher last year. (**was**)
4. Dance is life (itsself). (**itself**)
5. (Does) she from America? (**Is**)

配合題

1. 美國　　　　　　（**j.** the United States）
2. 傳說　　　　　　（**e.** legend）
3. 現代舞　　　　　（**d.** modern dance）
4. 跳舞　　　　　　（**k.** dance（danced））
5. 熱愛；喜愛　　　（**b.** love（loved））
6. 教　　　　　　　（**l.** teach（taught））
7. 其他的　　　　　（**a.** other）
8. 將……放進　　　（**f.** introduce（introduced））
9. 主意　　　　　　（**g.** idea）
10. 藝術　　　　　　（**n.** art）
11. 相信　　　　　　（**h.** believe（believed））
12. 心　　　　　　　（**o.** heart）
13. 生命　　　　　　（**c.** life）
14. 繼續；持續　　　（**m.** continue（continued））
15. 偉大的　　　　　（**i.** great）

Part B-7　Our Playground

中文翻譯

我們的遊樂場

當我小的時候，我們全家住在鄉下。我們住得離學校很遠。我每天早上走一個小時到學校。我們的學校僅有十八個學生。我們喜歡在森林裡玩。它是我們的遊樂場。我們花很多時間在那裡看不同的花和鳥。鄉間生活很美好。我仍然記得。

英翻中

1. （我）小的時候，我們全家住在鄉下。

2. 我們住得離學校很遠。

3. 我每天早上走一個小時到學校。

4. 我們花很多時間在那裡看不同的花和鳥。

5. 鄉間生活很美好。

造句

1. **Where did** he live before?

2. **When** he **was** young, **his** family lived in the country.

3. He **lived** so **far from** his school.

4. He **walked** one **hour** every morning **to** school.

5. **How many** students **were** there in **their** school?

6. They **had** just **eighteen** students in their school.

7. He **likes to play** in the forest.

8. The forest **is his** playground.

9. He **spends** a lot of time there **looking at** different flowers every day.

10. **Life** in the country **is** wonderful.

改錯

1. Where ⟨are⟩ you live before?（**did**）

2. How ⟨much⟩ birds did you see last night?（**many**）

3. There ⟨have⟩ many flowers in my country.（**are**）

4. Does his sister ⟨likes⟩ to play in the forest?（**like**）

5. I ⟨spend⟩ two hours reading that book yesterday.（**spent**）

配合題

1. 當……的時候　　（**i.** when）

2. 家人　　　　　　（**n.** family）

3. 住　　　　　　　（**c.** live（lived））

4. 鄉下、鄉村　　　（**h.** country）

5. 離……遠的　　　（**d.** far from）

6. 小時　　　　　（**b.** hour）

7. 僅　　　　　　（**j.** just）

8. 森林　　　　　（**o.** forest）

9. 遊樂場　　　　（**k.** playground）

10. 花（時間）　　（**g.** spend（spent））

11. 不同的　　　　（**l.** different）

12. 花　　　　　　（**a.** flower）

13. 美好的　　　　（**e.** wonderful）

14. 還；仍然　　　（**m.** still）

15. 記得　　　　　（**f.** remember（remembered））

Part B-8

中文翻譯

我去德國的旅行

親愛的 Tom：

你好嗎？我剛抵達台中。

德國的天氣不同於台中的天氣。才剛十月，但是已經非常冷了。

我還是喜歡我的旅行。在我去那裡之前，我很擔心。我不會說德語，但是我發現英語在那裡很有用！我甚至交了一些新朋友。

我明年會去美國。你想和我一起去嗎？

你的朋友

Sam

十月十日

英翻中

1. 我剛抵達台中。

2. 德國的天氣不同於台灣的天氣。

160

3. 才剛十月，但是已經非常冷。

4. 在我去之前，我很擔心。

5. 我不會說德語，但是我發現英語在那裡很有用！

造句

1. How **are** you?

2. How **is** he?

3. I **just arrived** in Taiwan.

4. The weather in Germany **was different from** the weather in Taiwan.

5. His room **is different from ours**.

6. It **was** just October, but it was already very **cold**.

7. **How does** she **like** her trip?

8. I **can't speak** German.

9. She **found** English is useful there.

10. He **even made** some new friends.

改錯

1. How (**does**) Bill? (**is**)

2. (**Does**) it cold in Europe now? (**Is**)

3. That girl can (**speaks**) English. (**speak**)

4. (**Does**) German useful in Taiwan? (**Is**)

5. She even (**maked**) some new friends there. (**made**)

配合題

1. 親愛的　　　　　（**l.** dear）

2. 十月　　　　　　（**d.** October）

3. 抵達　　　　　　（**k.** arrive（arrived））

4. 天氣　　　　　　（**e.** weather）

5. 德國　　　　　　（**m.** Germany）

6. 不同於　　　　　（**a.** different from）

161

7. 已經   (**f.** already)

8. 寒冷的   (**o.** cold)

9. 還是   (**i.** still)

10. 旅行   (**n.** trip)

11. 擔心的   (**b.** worried)

12. 德語   (**j.** German)

13. 有用的   (**g.** useful)

14. 甚至   (**c.** even)

15. 交朋友   (**h.** make(made) friends)

Part B-9 A Phone Call

中文翻譯

一通電話

Cherry：早安，夢想公司。

Linda ：早安，我是 Linda。我可以跟林先生說話嗎？

Cherry：我很抱歉。他現在不在辦公室裡。

Linda ：Ann 呢？

Cherry：抱歉，她也不在辦公室裡。但是她在十分鐘以後會回來。

Linda ：那太好了。我可以留言給她嗎？我從兄弟公司打來，我們對你們的商品有興趣。

Cherry：好，請說。

Linda ：我的電話號碼是 0934-939-393。我的名字叫陳 Linda。你可以請她大約在十一點的時候給我一通電話嗎？

Cherry：好。我會把這訊息放在她的書桌上。

Linda ：謝謝你的幫忙。

英翻中

1. 我可以跟林先生說話嗎？

2. 他現在不在辦公室裡。

3. 她在十分鐘後會回來。

4. 我可以留言給她嗎？

5. 我來自兄弟公司，我對你們的商品有興趣。

造句

1. **May** I **speak** to Mr. Lin?

2. They **are** not **in** the office now.

3. **Where are** they now?

4. She **is not** in the office, **either**.

5. **When will** you be back?

6. I **will** be back in ten minutes.

7. **May** I **leave** a message for **him**?

8. **What** does he want?

9. He is **interested in** your products.

10. **Can** you **ask her** to give **me** a call around eleven o'clock?

改錯

1. Will he be ⬭backs⬮ tomorrow?（**back**）

2. May I call ⬭they⬮ at ten o'clock?（**them**）

3. Where ⬭does⬮ she from?（**is**）

4. ⬭Does⬮ his phone number 0934-939-393?（**Is**）

5. Can he give ⬭she⬮ a phone call?（**her**）

配合題

1. 公司　　　　　（**h.** company）

2. 說話　　　　　（**e.** speak（spoke））

3. 感到抱歉的　　（**m.** sorry）

4. 辦公室　　　　　　（**j.** office）

5. ……如何？　　　　（**a.** How about...?）

6. 也（否定）　　　　（**f.** either）

7. 回來　　　　　　　（**i.** be back）

8. 分鐘　　　　　　　（**n.** minute）

9. 留給　　　　　　　（**k.** leave（left））

10. 訊息　　　　　　　（**b.** message）

11. 商品　　　　　　　（**g.** product）

12. 電話號碼　　　　　（**o.** phone number）

13. 要求　　　　　　　（**c.** ask（asked））

14. 大約　　　　　　　（**l.** around）

15. 放置　　　　　　　（**d.** place（placed））

Part B-10　A Letter to John

中文翻譯

一封給 John 的信

親愛的 John：

你好嗎？這是我第一次寫信給在另一個國家的筆友。也許，我們可以成為好朋友。

我住在日本。我 15 歲。我所有的朋友都喜歡運動。棒球在日本非常受歡迎。我也非常喜歡它（棒球）。

隨信我寄給你一張 DVD。我希望你會喜歡這位歌手的嗓音。他是我最喜歡的日本歌手。

你的朋友

Miku

英翻中

1. 這是我第一次寫信給在另一個國家的筆友。
2. 也許，我們可以成為好朋友。
3. 我所有的朋友都喜歡運動。
4. 棒球在日本非常受歡迎。
5. 我希望你會喜歡這位歌手的嗓音。他是我最喜歡的日本歌手。

造句

1. **How are** they?
2. **Where does** Tom live?
3. He **lives in** Taiwan.
4. This is **his** first time writing **to** a pen pal in another country.
5. Perhaps, we **can become** good friends.
6. My friends **all** love **music**.
7. Baseball **is** very **popular** in Japan.
8. I **am sending** a picture **with** this letter.
9. I **hope** that you **like** the **singer's** voice.
10. He **is** my **favorite** Japanese singer.

改錯

1. How ⟨**does**⟩ your father? (**is**)
2. Are they ⟨**friend**⟩? (**friends**)
3. His brother is one ⟨**years**⟩ old. (**year**)
4. Where ⟨**is**⟩ she live? (**does**)
5. Do you like ⟨**he**⟩? Of course. He is my favorite singer. (**him**)

配合題

1. 第一次   (**i.** first time)
2. 筆友   (**c.** pen pal)
3. 另一個的   (**l.** another)

4. 國家 (**j.** country)

5. 也許、或許 (**d.** perhaps)

6. 成為 (**e.** become (became))

7. 住 (**o.** live (lived))

8. 所有、全部 (**f.** all)

9. 受歡迎的 (**g.** popular)

10. 寄送 (**m.** send (sent))

11. 信 (**a.** letter)

12. 希望 (**k.** hope (hoped))

13. 嗓音 (**n.** voice)

14. 最喜愛的 (**b.** favorite)

15. 日本的 (**h.** Japanese)

Answers
Part C

Answers

Part C-1 My Birthday

中文翻譯

我的生日

昨天是我的生日。我和家人慶祝我的生日。媽媽買了一個蛋糕給我。我的妹妹—Jane，給我一張阿妹的海報。她是我最喜歡的歌手。我的弟弟—Ricky，給我一張不錯的圖畫。他只有五歲，但是他自己畫了圖。爸爸給了我一輛腳踏車。他已經有一輛了。他很喜歡騎腳踏車。他說今年夏天我們可以騎腳踏車環繞台灣。我們將會看到許多關於台灣的人事物。我會學習到更多有關台灣的事。

今年的生日對我來說很特別。爸爸要我學會如何騎腳踏車，這樣我們就有更多的時間相處。我很開心。

英翻中

1. 昨天是我的生日。我和家人慶祝我的生日。

2. 我的妹妹—Jane，給我一張阿妹的海報。她是我最喜歡的歌手。

3. 我的弟弟—Ricky，給了我一張不錯的圖畫。他只有五歲，但是他自己畫它（圖畫）。

4. 爸爸說今年夏天我們可以騎腳踏車環繞台灣。

5. 他要我學會如何騎腳踏車，這樣我們就有更多的時間相處。

造句

1. Today **is** his birthday.

2. I **celebrated** my birthday **with** my family yesterday.

3. Mother **bought me** a cake.

4. She **gave him** a poster of A-mei.

5. He **is** only five-years old, **but** he drew it **himself**.

6. I **gave her** a bicycle. I already **have** one.

7. He **said** that we can **ride around** Taiwan this summer.

8. Father **wants** me to learn **how to** ride a bicycle.

9. Ms. Chen wants **us** to learn **how to use** computers.

10. This birthday is special **for them**.

改錯

1. He bought (I) a piano. （me）

2. Her brother (drawed) a picture yesterday. （drew）

3. My father has (works) for eleven hours. （worked）

4. (Did) yesterday her birthday? （Was）

5. She wants me to (learning) how to ride a bike. （learn）

配合題

1. 生日　　　　　　　（**d.** birthday）

2. 慶祝　　　　　　　（**k.** celebrate（celebrated））

3. 家人　　　　　　　（**a.** family）

4. 買　　　　　　　　（**e.** buy（bought））

5. 海報　　　　　　　（**l.** poster）

6. 最喜愛的　　　　　（**c.** favorite）

7. 圖畫　　　　　　　（**m.** picture）

8. 畫　　　　　　　　（**h.** draw（drew））

9. 已經　　　　　　　（**j.** already）

10. 騎　　　　　　　　（**o.** ride（rode））

11. 說　　　　　　　　（**f.** say（said））

12. 看　　　　　　　　（**g.** see（saw））

13. 關於　　　　　　　（**b.** about）

14. 特別的　　　　　　（**n.** special）

15. 花（時間）　　　　（**i.** spend（spent））

169

Part C-2 A Letter to Cindy

中文翻譯

給 Cindy 的一封信

嗨，Cindy：

你好嗎？我和我的父母正在越南。我們正在度假中。我們星期一抵達這裡。星期二下午，我們在餐廳試了越南河粉。它是如此地美味所以我們晚餐吃了更多的河粉。

今天，我們拜訪了我媽媽的大學同學。她大約十五年前結婚而來到越南。

明天，我們會去大城市。我之後會寫更多給你。

祝一切安好

Shelly

英翻中

1. 你好嗎？我和我的父母正在越南。

2. 我們在度假中。我們星期一抵達這裡。

3. 星期二下午，我們在餐廳試了越南河粉。

4. 它是如此地美味所以我們晚餐吃了更多的河粉。

5. 她大約十五年前結婚而來到越南。

造句

1. **How are** they?

2. **Where** are they?

3. They **are on vacation** in Japan now.

4. **When did** they arrive here?

5. We **arrived** here on **Monday**.

6. Tuesday afternoon, we **tried** la mian **at** a restaurant.

7. It **was so** delicious **that** we **ate** more la mian for dinner.

8. Today, we **visited** my father's classmate in the junior high school.

9. He **got married** about 13 years **ago** and **came** to Japan.

10. **Next week**, we **will** go to a big city.

改錯

1. How (do) your parents?（are）

2. We (try) some pho yesterday.（tried）

3. I (are) on vacation in Vietnam.（am）

4. (What) did they arrive here? They arrived at 7:00 A.M.（When）

5. They (getted) married about 15 years ago.（got）

配合題

1. 度假中　　　　　（**i.** on vacation）

2. 抵達　　　　　　（**g.** arrive（arrived））

3. 嘗試　　　　　　（**j.** try（tried））

4. 餐館　　　　　　（**e.** restaurant）

5. 美味的　　　　　（**h.** delicious）

6. 更多的　　　　　（**l.** more）

7. 拜訪　　　　　　（**f.** visit（visited））

8. 同學　　　　　　（**m.** classmate）

9. 大學　　　　　　（**c.** university）

10. 結婚　　　　　（**k.** get（got）married）

11. 大約　　　　　（**a.** about）

12. 城市　　　　　（**o.** city）

13. 寫　　　　　　（**n.** write（wrote））

14. 更多的　　　　（**b.** more）

15. 祝一切安好　　（**d.** all the best）

Part C-3 Eating Dinner

中文翻譯

吃晚餐

Tom 經常自己煮中國菜當晚餐，但是他昨晚去 Joan's 吃美國菜。他已經節食一段時間了，所以他不想吃太多。起先，他只點了義大利麵和蔬菜湯。然而，它們是如此地美味，以至於 Tom 又點了一些東西。他也吃了一塊蛋糕和一球冰淇淋當甜點。Tom 覺得他吃太多了，他應該要多運動。

英翻中

1. Tom 經常自己煮中國菜當晚餐，但是他昨晚去 Joan's 吃美國菜。

2. 他已經節食一段時間了，所以他不想吃太多。

3. 起先，他只點了義大利麵和蔬菜湯。

4. 它們是如此地美味，以至於 Tom 又點了一些東西。

5. Tom 覺得他吃太多了，他應該要多運動。

造句

1. I **often cook** Chinese food **myself**.

2. I **went** to Joan's **to eat** American food last night.

3. I **have** been on a diet **for** a while.

4. I **have not** been on a diet **yet**.

5. I **did** not **want** to eat too much yesterday.

6. I only **ordered** spaghetti and vegetable soup.

7. They **were** so delicious that I **ordered more**.

8. I also **had** a **piece** of cake and a **scoop** of ice cream **for** dessert.

9. I **think** that I **ate** too much.

10. I **should** exercise more.

改錯

1. She sometimes (make) Taiwanese food. （makes）

2. I seldom eat by (mineself) （myself）

3. They want to (drinking) milk. （drink）

4. He has been (cook) for two hours. （cooking）

5. There (is) only five cups of coffee on the table. （are）

配合題

1. 煮　　　　　　　（**f.** cook（cooked））

2. 美國菜　　　　　（**l.** American food）

3. 所以　　　　　　（**b.** so）

4. 起先　　　　　　（**g.** at first）

5. 只有　　　　　　（**e.** only）

6. 點（菜或飲料）　（**m.** order（ordered））

7. 蔬菜湯　　　　　（**c.** vegetable soup）

8. 然而　　　　　　（**i.** however）

9. 美味的　　　　　（**n.** delicious）

10. 也　　　　　　　（**a.** also）

11. 甜點　　　　　　（**j.** dessert）

12. 認為　　　　　　（**h.** think（thought））

13. 運動　　　　　　（**d.** exercise（exercised））

14. 更多　　　　　　（**k.** more）

Part C-4 Playing Computer Games

中文翻譯

玩電腦遊戲

Mike：你玩這款電腦遊戲玩多久了？

Nick：我玩這款電腦遊戲玩了一個小時了。我很享受玩它們。我甚至想買其他遊戲。

Mike：你每天玩它們嗎？

Nick：對，我通常在晚上玩。你呢？

Mike：我媽媽討厭我玩電腦遊戲，而且要我讀更多的書，因此，我幾乎不玩電腦遊戲。

Nick：真可惜。電腦遊戲很好玩。

英翻中

1. 你玩這款電腦遊戲玩多久了？

2. 我玩這款電腦遊戲玩了一個小時了。

3. 我很享受玩它們。

4. 我甚至想買其他遊戲。

5. 我媽媽討厭我玩電腦遊戲，而且要我讀更多的書。

造句

1. **How long has** he **been** playing this computer game?

2. He **has been** playing this computer game **for** two **hours**.

3. He **enjoys playing it**.

4. He even **wants to buy** other games.

5. **Does** she play **them** every day?

6. She usually **plays at** night.

7. **Your** mom **hates you** playing computer games.

8. They **want her** to read more books.

9. She hardly ever **plays** computer games.

10. **This** computer game **is** fun.

改錯

1. How long has he been ⟨read⟩ this book?（reading）

2. She enjoys ⟨watch⟩ TV.（watching）

3. He wants to (buys) a computer.（buy）

4. (Do) your mom play computer games?（Does）

5. His dad hates (he) reading comic books.（him）

配合題

1. 其他的   （**c.** other）

2. 更多的   （**f.** more）

3. 因此   （**a.** so）

4. 可惜的事   （**g.** pity）

5. 有趣的   （**d.** fun）

6. 多長的時間   （**b.** how long）

7. 很少   （**e.** hardly ever）

Part C-5 This Summer Vacation

中文翻譯

今年的暑假

日期：06/26/2010

天氣：晴朗炎熱

明天是暑假的第一天。我很高興。今年暑假我會做很多事。爸爸已經在越南工作一年，但是他明天會回來台灣。他會待在家裡一個月。我很高興以至於睡不著。

媽媽和 Betty、Karen 採買食物跟禮物。我去圖書館。一整個下午，我都在讀書。大約五點，我肚子餓了，所以我就回家吃晚餐。媽媽做了漢堡當晚餐。

英翻中

1. 明天是暑假的第一天。

2. 今年暑假我會做很多事。

3. 爸爸已經在越南工作一年，但是他明天會回來台灣。

4. 媽媽和 Betty、Karen 採買食物跟禮物。

5. 我肚子餓，於是我回家吃晚餐。

造句

1. **Tomorrow is** the **first** day of summer vacation.

2. He **will do** many things this summer.

3. Dad **has worked** in America for a year, **but** he will come to Taiwan tomorrow.

4. He **will be** home **for** one month.

5. I **am so** happy **that** I can't sleep.

6. It **was so** delicious **that** we **ate** too much.

7. I **went shopping for** food and presents **with** friends.

8. He **studied** in the library **all** the afternoon.

9. He **is** hungry, **so** he **goes** home to **eat** dinner.

10. His mother **made** pizza **for** lunch.

改錯

1. I will (did) many things this summer.（do）

2. David (have) worked in Japan for a year.（has）

3. He will (is) home for one month.（be）

4. She (goed) shopping for food and presents yesterday.（went）

5. I (were) hungry, so I went home to eat dinner.（was）

配合題

1. 日期　　　　　（**n.** date）

2. 天氣　　　　　（**e.** weather）

3. 炎熱的　　　　（**j.** hot）

4. 晴朗的　　　　（**f.** sunny）

5. 第一的   （**i.** first）

6. 暑假   （**a.** summer vacation）

7. 事情   （**o.** thing）

8. 工作   （**d.** work（worked））

9. 睡覺   （**h.** sleep（slept））

10. 購物   （**c.** shop（shopped））

11. 食物   （**k.** food）

12. 禮物   （**m.** present）

13. 圖書館   （**b.** library）

14. 整個的   （**g.** all）

15. 飢餓的   （**l.** hungry）

Part C-6 Fran's Dream

中文翻譯

Fran 的夢想

Fran 是一個中學生。她跳舞跳得很好，而且已經得了很多獎。她是一個好學生，但是她不太喜歡念書。她夢想成為一位舞者。Fran 有一位舞蹈老師每星期教她跳舞。她每天很努力練習。她希望國中畢業後可以進入一間舞蹈學校。

英翻中

1. 她跳舞跳得很好，而且已經得了很多獎。

2. 她是一個好學生，但是她不太喜歡念書。

3. 她夢想成為一位舞者。

4. Fran 有一位舞蹈老師每星期教她跳舞。她每天很努力練習。

5. 她希望中學畢業後可以進入一間舞蹈學校。

造句

1. **I am** a student in high school.

2. I **dance well**.

3. I **danced well** before.

4. I **have won** many prizes.

5. **I am** a good student, but I **do not like** to study much.

6. I **like to dance** much.

7. She **likes to sing** much.

8. I **dream of becoming** a dancer.

9. I **have** a dance teacher to **teach** me every week. I **practice hard** every day.

10. I **hope to go** to dance school **after** high school.

改錯

1. **Are** she a student in high school?（Is）

2. I dance **good**.（well）

3. I **has** won many prizes.（have）

4. I dream of **become** a dancer.（becoming）

5. She has a teacher to **teaching** her every month.（teach）

配合題

1. 中學　　　　　（**h.** high school）

2. 跳舞　　　　　（**l.** dance（danced））

3. 很好地　　　　（**b.** well）

4. 贏得　　　　　（**i.** win（won））

5. 獎　　　　　　（**m.** prize）

6. 夢想　　　　　（**j.** dream（dreamed）of）

7. 成為　　　　　（**d.** become（became））

8. 舞者　　　　　（**c.** dancer）

178

9. 舞蹈老師　　　　　（**k.** dance teacher）

10. 教　　　　　　　　（**f.** teach（taught））

11. 練習　　　　　　　（**e.** practice（practiced））

12. 希望　　　　　　　（**a.** hope（hoped））

13. 在……之後　　　　（**g.** after）

Part C-7　Sunnyland

中文翻譯

Sara：我計畫去 Sunnyland。你曾經去過那裡，對吧？你有什麼建議給我嗎？

Joe　：它是個很美的地方。我在那裡玩得很愉快。

Sara：我聽說它有高山。

Joe　：沒錯。鎮上也有很多不錯的商店。

Sara：你的旅行很昂貴嗎？

Joe　：不。我在那裡待了一個禮拜而且只花了台幣一萬五千元。

Sara：太棒了。我七月會去。

Joe　：祝你玩得愉快！

英翻中

1. 我計畫去 Sunnyland。

2. 你有什麼建議給我嗎？

3. 它是個很美的地方。我在那裡玩得很愉快。

4. 鎮上也有很多不錯的商店。

5. 我在那裡待了一個禮拜而且只花了台幣一萬五千元。

造句

1. He **is going to** Greenland.

2. He **has been** there, right?

3. **What** advice **do** you **have** for **him**?

4. **What** advice **does** she **have** for **me**?

5. It **is** a beautiful place. I **had** fun there.

6. I **heard** there **are** many nice shops **in town**.

7. **Is your** new computer expensive?

8. No. I **only spent** ten thousand NT dollars.

9. She **was** there **for** a month.

10. He **will go** there in July.

改錯

1. We (**is**) going to Sunnyland.（are）

2. She (**did**) been there, right?（has）

3. What advice (**do**) she have for me?（does）

4. (**Were**) her trip expensive?（Was）

5. I (**were**) there for a week and only spent NT$15,000.（was）

配合題

1. 那裡　　　　　　　（**n.** there）

2. 正確的　　　　　　（**d.** right）

3. 建議　　　　　　　（**h.** advice）

4. 漂亮的　　　　　　（**m.** beautiful）

5. 地方　　　　　　　（**a.** place）

6. 聽說　　　　　　　（**k.** hear（heard））

7. 高山　　　　　　　（**g.** mountain）

8. 商店　　　　　　　（**o.** shop）

9. 旅行；旅遊　　　　（**l.** trip）

10. 昂貴的；價格高的　（**b.** expensive）

11. 只有　　　　　　　（**e.** only）

12. 花費　　　　　　　（**j.** spend（spent））

13. 太棒了 （**f.** wonderful）

14. 七月 （**c.** July）

15. 祝你玩得愉快！ （**i.** Have a great time!）

Part C-8 John Keats（約翰‧濟慈）

中文翻譯

約翰‧濟慈

Sue　：那是什麼？

Frank：它是一本詩集。

Sue　：它們是誰寫的？

Frank：傑出的英國詩人約翰‧濟慈寫的。他生於 1795 年而且住在倫敦。大學畢業之後，他成為一位重要的詩人。他很年輕就去世了。他在二十五歲的時候去世。我很喜歡他的詩。

英翻中

1. 那是什麼？它是一本詩集。

2. 誰寫了它們？

3. 傑出的英國詩人約翰‧濟慈寫的。

4. 他生於 1795 年而且住在倫敦。

5. 大學畢業之後，他成為一位重要的詩人。

造句

1. **What is** that?

2. **It is** a book of poems.

3. **Who** wrote **them**?

4. **Which year was** he born in?

5. He **was born in** 1795.

6. He **lived in** London.

181

7. **What does** he **do**?

8. He **is** a poet.

9. **After** graduating, he **became** an important poet.

10. He **died at** the age of twenty-five.

改錯

1. (Who) is that? It is a book.（What）

2. (Does) he a poet?（Is）

3. (Are) you born in 1988?（Were）

4. John Keats wrote (they).（them）

5. He (like) his poems a lot.（likes）

配合題

1. 詩　　　　　　　　（**c.** poem）

2. 寫　　　　　　　　（**h.** write（wrote））

3. 傑出的　　　　　　（**b.** great）

4. 詩人　　　　　　　（**i.** poet）

5. （大學）畢業　　　（**f.** graduate（graduated））

6. 成為　　　　　　　（**d.** become（became））

7. 重要的　　　　　　（**g.** important）

8. 死　　　　　　　　（**a.** die（died））

9. 在……歲的時候　（**e.** at the age of...）

Part C-9 Halloween Party

中文翻譯

萬聖節派對

（Steve 和 Mike 正在談論萬聖節派對。）

Steve：麥克，你會穿什麼去派對？

Mike：我還在考慮。你有任何主意嗎？

Steve：穿這件袍子。你可以成為吸血鬼。

Mike：好主意。我在那裡會是最恐怖的吸血鬼。

Steve：Sue 也會來嗎？

Mike：我認為會。它會是一場盛大派對。我想每個人都會來。

Steve：我希望她不會注意到我。

Mike：為何不（注意到你）呢？

Steve：她在生我的氣。

Mike：你扮成吸血鬼的話，她就不會注意到你了。

英翻中

1. Steve 和 Mike 正在談論萬聖節派對。

2. 你會穿什麼去派對？

3. 我還在考慮。你有任何主意嗎？

4. 我會是最恐怖的吸血鬼。

5. 它會是一場大派對。我想每個人都會來。

造句

1. **What are** you **talking** about?

2. We **are talking** about the New Year's Eve party.

3. **What will** he wear to the party?

4. He **is** still **thinking about** it.

5. **Does** she **have** any ideas?

6. He **will be** the most handsome prince there.

7. **Will** he **come**, too?

8. I think everyone **is coming**.

9. He hopes Sue doesn't notice **him**.

10. She **is mad at** me.

改錯

1. They (were) talking about the party now.（are）
2. What will she (wearing) to the party?（wear）
3. He is still (think) about it.（thinking）
4. (Do) she have any ideas?（Does）
5. I hope she doesn't notice (I).（me）

配合題

1. 談論　　　　　　（**h.** talk（talked）about）
2. 萬聖節　　　　　（**e.** Halloween）
3. 穿著　　　　　　（**i.** wear（wore））
4. 仍然；還是　　　（**l.** still）
5. 考慮　　　　　　（**b.** think（thought）about）
6. 主意　　　　　　（**j.** idea）
7. 吸血鬼　　　　　（**c.** vampire）
8. 恐怖的　　　　　（**g.** scary（scariest））
9. 每人　　　　　　（**a.** everyone）
10. 希望　　　　　　（**d.** hope（hoped））
11. 注意　　　　　　（**m.** notice（noticed））
12. 對某人生氣　　　（**k.** be mad at sb）
13. 袍子　　　　　　（**f.** robe）

Part C-10 A Letter to Terry

中文翻譯

一封給 **Terry** 的信

2010年9月30日

嗨，Terry：

一切都好嗎？自從我搬回加拿大，我一直很忙碌。學校昨天開學了。

184

我有很多好的老師，我想我將會學到很多。

我們在加拿大的房子很不錯。也許，你可以在中國新年期間來拜訪我們。如果你來，我會很高興見到你。你可以見我的朋友們，而且我們全部的人可以去滑雪。

我在你的國家玩得很愉快。請保持聯絡，我非常想念你。

祝一切順利

Angel

英翻中

1. 自從我搬回加拿大，我一直很忙碌。

2. 學校昨天開課了。我有很多很好的老師。

3. 也許，你可以在中國新年期間來拜訪我們。

4. 如果你能來，我會很開心見到你。

5. 我在你的國家玩得很愉快。請保持聯絡。

造句

1. **How** is everything?

2. He **has been** very busy **since** he **moved** back to Canada.

3. **When did** school start?

4. School **started** last week.

5. He **has** many good teachers.

6. He **thinks** he **will learn** a lot.

7. **Can** he come and visit **us** during the Chinese New Year?

8. If he **comes**, we will **be** very happy to see **him**.

9. You can **meet** my friends and we can all **go skiing**.

10. He **misses me** very much.

改錯

1. She has ⟨**moves**⟩ back to Japan. （moved）

2. (Are) you have many good teachers? (Do)

3. Where (does) his house? (is)

4. If he (come), we will be very happy to see him. (comes)

5. They can all go (ski). (skiing)

配合題

1. 九月　　　　　　　（**l.** September）

2. 忙碌的　　　　　　（**h.** busy）

3. 搬回　　　　　　　（**a.** move（moved）back）

4. 開始　　　　　　　（**o.** start（started））

5. 想　　　　　　　　（**c.** think（thought））

6. 學習　　　　　　　（**k.** learn（learned））

7. 也許　　　　　　　（**i.** perhaps）

8. 拜訪　　　　　　　（**d.** visit（visited））

9. 在……期間　　　　（**b.** during）

10. 中國新年　　　　　（**g.** Chinese New Year）

11. 如果　　　　　　　（**m.** if）

12. 看見　　　　　　　（**j.** see（saw））

13. 滑雪　　　　　　　（**e.** ski（skiing））

14. 國家　　　　　　　（**n.** country）

15. 想念　　　　　　　（**f.** miss（missed））

Linking English
專門替中國人寫的英文練習本：中級本上冊

2011年9月初版　　　　　　　　　　　　　　　　　　定價：新臺幣250元
有著作權・翻印必究
Printed in Taiwan.

著　　著	博 幼 基 金 會	
策劃審訂	李 家 同	
發 行 人	林 載 爵	

出　版　者	聯 經 出 版 事 業 股 份 有 限 公 司	叢書編輯	李	芃
地　　　址	台 北 市 忠 孝 東 路 四 段 5 6 1 號 4 樓	校　　對	曾 婷 姬	
編輯部地址	台 北 市 忠 孝 東 路 四 段 5 6 1 號 4 樓	封面設計	蔡 婕 岑	
叢書主編電話	(0 2) 8 7 8 7 6 2 4 2 轉 2 2 6	光碟製作	鄧 禎 權	
台北忠孝門市：	台 北 市 忠 孝 東 路 四 段 5 6 1 號 1 樓	錄音後製	純 粹 錄 音	
電　　　話：	(0 2) 2 7 6 8 3 7 0 8		後 製 有 限 公 司	
台北新生門市：	台 北 市 新 生 南 路 三 段 9 4 號			
電　　　話：	(0 2) 2 3 6 2 0 3 0 8			
台中分公司：	台 中 市 健 行 路 3 2 1 號			
暨門市電話：	(0 4) 2 2 3 7 1 2 3 4 e x t . 5			
高雄辦事處：	高 雄 市 成 功 一 路 3 6 3 號 2 樓			
電　　　話：	(0 7) 2 2 1 1 2 3 4 e x t . 5			
郵 政 劃 撥 帳 戶 第 0 1 0 0 5 5 9 - 3 號				
郵 撥 電 話：	2 7 6 8 3 7 0 8			
印　刷　者	世 和 印 製 企 業 有 限 公 司			
總　經　銷	聯 合 發 行 股 份 有 限 公 司			
發　行　所	台北縣新店市寶橋路235巷6弄6號2樓			
電　　　話：	(0 2) 2 9 1 7 8 0 2 2			

行政院新聞局出版事業登記證局版臺業字第0130號

本書如有缺頁，破損，倒裝請寄回聯經忠孝門市更換。　ISBN　978-957-08-3865-7 (平裝)
聯經網址：www.linkingbooks.com.tw
電子信箱：linking@udngroup.com

國家圖書館出版品預行編目資料

專門替中國人寫的英文練習本：中級本上冊
/博幼基金會著．初版．臺北市．聯經．2011年9月（民
100年）．200面．19×26公分（Linking English）
ISBN　978-957-08-3865-7（平裝）

1.英語教育　2.讀本　3.中小學教育

523.318　　　　　　　　　　　　　　100015477

聯 經 出 版 事 業 公 司

信 用 卡 訂 購 單

信 用 卡 號：□VISA CARD □MASTER CARD □聯合信用卡

訂 購 人 姓 名：＿＿＿＿＿＿＿＿＿＿＿＿＿＿＿＿＿＿＿＿＿

訂 購 日 期：＿＿＿＿＿年＿＿＿＿月＿＿＿＿＿日　　（卡片後三碼）

信 用 卡 號：＿＿＿＿ ＿＿＿＿ ＿＿＿＿ ＿＿＿＿ ＿＿＿

信 用 卡 簽 名：＿＿＿＿＿＿＿＿＿＿＿＿＿(與信用卡上簽名同)

信用卡有效期限：＿＿＿＿＿年＿＿＿＿月

聯 絡 電 話：日(O)：＿＿＿＿＿＿＿夜(H)：＿＿＿＿＿＿

聯 絡 地 址：□□□＿＿＿＿＿＿＿＿＿＿＿＿＿＿＿＿

＿＿＿＿＿＿＿＿＿＿＿＿＿＿＿＿＿

訂 購 金 額：新台幣＿＿＿＿＿＿＿＿＿＿＿＿＿元整

（訂購金額 500 元以下,請加付掛號郵資 50 元）

資 訊 來 源：□網路　　□報紙　　□電台　　□DM　□朋友介紹
　　　　　　□其他＿＿＿＿＿＿＿＿＿＿＿＿＿＿

發　　　　　票：□二聯式　　　□三聯式

發 票 抬 頭：＿＿＿＿＿＿＿＿＿＿＿＿＿＿＿

統 一 編 號：＿＿＿＿＿＿＿＿＿＿＿＿＿＿＿

※ 如收件人或收件地址不同時，請填：

收 件 人 姓 名：＿＿＿＿＿＿＿＿＿＿＿＿□先生 □小姐

收 件 人 地 址：＿＿＿＿＿＿＿＿＿＿＿＿＿＿＿

收 件 人 電 話：日(O)＿＿＿＿＿＿夜(H)＿＿＿＿＿＿

※茲訂購下列書種,帳款由本人信用卡帳戶支付

書　　　　　　名	數量	單價	合　　計
	總　　計		

訂購辦法填妥後

1. 直接傳真 FAX(02)27493734
2. 寄台北市忠孝東路四段 561 號 1 樓
3. 本人親筆簽名並附上卡片後三碼(95 年 8 月 1 日正式實施)

電 話：(02)27627429

聯絡人:王淑蕙小姐(約需 7 個工作天)